JN099494

Human Resource Management

従業員満足のための人的資源管理

岩出　博 —— 編著　　加藤恭子／渡辺泰宏／関口和代 —— 著
谷内篤博／高橋哲也／洪　聖協

中央経済社

まえがき

「今，人的資源管理が面白い」

戦後日本の人事労務管理は，日本的雇用慣行の三種の神器と呼ばれた終身雇用慣行，年功序列慣行，企業別労働組合を軸に比較的緩やかなスピードで発展してきました。しかし，1990年代のバブル崩壊後の長引く不景気により日本的雇用慣行が維持しづらくなってきたことに加え，働く人や働き方の多様化，少子高齢化，働き方改革など，ここ20年で人的資源管理を取り巻く環境は目まぐるしく変わっています。特に労働に関する法律の施行・改正で，企業の人事部は常にその対応や制度刷新を迫られています。

例えば，2018年4月1日に施行された障害者雇用促進法によって，民間企業における障がい者の法定雇用率は2.0％から2.2％（経過措置）になりました。つまり，1万人以上の従業員を抱える会社であれば，20人の障がい者を新たに採用する必要があります。

人的資源管理は，モチベーションや従業員満足といった産業・組織心理学の研究成果を活かし，制度として実践的に反映させていく側面と，上記のような社会状況や法律の施行・改定に対応していく側面とがあります。近年は社会変化のスピードが速くなるばかりで現場は大変ですが，だからこそ"面白く"なっている分野であるといえます。

本書は2部構成になっています。第Ⅰ部では，採用，配置・異動，離・退職管理，教育訓練，人事評価，報酬管理という「人的資源管理の基本6職能」を扱っています。それに対して特徴的なのは第Ⅱ部です。ダイバーシティ・マネジメント，ハラスメント，ディーセントワーク，若年層の転職行動，やりがい搾取，ワークライフバランス，ホワイト企業と近年話題となっているトピックを入れました。

「ダイバーシティ・マネジメント」と「ハラスメント」は，アメリカの人的資源管理のテキストでは，第1章，第2章あたりに配置される非常に重要なテーマです。日本企業においても同質的な人を集め終身雇用を前提としていた時代に比べ，少しずつ多様化が進んでいます。その多様性をどう活かしていく

かというダイバーシティ・マネジメントの視点はこれから欠かすことができません。さらに，職場の多様性が増えると起こりがちなのがハラスメントの問題です。2020年6月にパワハラ防止法（労働施策総合推進法）が施行されたこともあり，パワハラに対する認識は高まっています。

「ディーセントワーク」は「公正で好ましい条件での仕事」ということですが，実際にはそのような条件で働くことができない，人的資源管理の恩恵にあずかれていない人たちがいます。ここでは，ワーキングプアの視点からディーセントワークについて論じています。

「若年層の転職行動」と「やりがい搾取」は，共に若者たちの働き方の変化に着目しています。現代の若者たちは，従来型の「就社」よりも，自分のやりたい職務を目指し，転職もいとわない欧米的な「就職」を志向するようになっています。その反面，やりたいことしか見えなくなり，ディーセントではない状態で働かされてしまう状態が「やりがい搾取」です。

「ワークライフバランス」については，単なる労働時間の長短の問題としてではなく，少子高齢化問題やワーク・ファミリー・コンフリクトなどの点から説明しています。

最後の章は人的資源管理の理想像である「ホワイト企業」でまとめています。テキストで扱われているような人的資源管理は理想で，現実は違う，といわれることがあります。しかし，理想や法律を知らず，どのように実際の人的資源管理を改善していくことができるのでしょうか。

「ホワイト企業」という人的資源管理の理想を知っていただくとともに，第Ⅱ部のトピックに関しては，ゼミの研究テーマやキャリア教育のディスカッションテーマとして役立てていただければ幸いです。

執筆者一同

目　　次

現代日本の
人的資源管理の基本

第Ⅰ部の概要 ─────────────────────●

　2008年のリーマン・ショック以降，使い捨てのような形で働かせるブラック企業の存在や非正規雇用労働者の派遣切り，偽装請負の問題などが取り沙汰され，労働のネガティブな面ばかりが報道されているようである。

　日本の人的資源管理（Human Resource Management）の歴史を紐解いてみると，1880年代末から1910年代の初頭にかけて使用者が労働者を強権的に管理していた「専制的労務管理」の時代に始まるが，欧米諸国に倣う形で労働者を保護する「工場法」の制定（1910年）や労働組合の結成により，次第に「温情主義的労務管理」に変わっていく。

　戦後になると，労働基準法，労働組合法，労働関係調整法といった労働三法の制定・施行による労働者の地位向上，終身雇用慣行や年功序列慣行による雇用の安定がはかられる。さらにアメリカの行動科学研究の成果であるモチベーションや従業員満足の視点が加わり，人的資源管理へと発展していくが，この理論通りであるなら，やりがいを持って働きやすい環境が多くの企業で整えられているはずである。にもかかわらず，今もなお，労働者にとって不満足な状況が目につくのは，人的資源管理の理論がまだ現場に活かされていないか，もしくはこれまでの理論では解決できない新たな課題が生まれていることになる。

　そこで，第Ⅰ部「人的資源管理の基礎理論」では，雇用管理，教育訓練・能力開発管理，作業条件管理，賃金管理，福利厚生管理といったこれまで発展してきた人的資源管理の理論を中心に，その役割・施策内容・現代的課題といった点から記述し，日本企業の今日的な人的資源管理の施策や現状を明らかにしていく。

　第1章では，企業が必要とする従業員をどのように雇用するのかといった企業の入り口である採用管理についてみていく。第2章では，採用した従業員をどのように仕事と結びつけるのか，また組織内で人をどのように動かし，昇進させるのかといった配置・異動の管理についてみていく。第3章では，企業で人員に余剰が出てしまった際の雇用調整，従業員との雇用関係の解消の手続きなど，企業の出口の管理となる離・退職管理について考えていく。この採用管

理，配置・異動の管理，離・退職管理はまとめて雇用管理と呼ばれる（**図表Ⅰ－1**参照）。

　第4章では，従業員が課せられた仕事をうまく遂行できるようにするための職務遂行能力の獲得や長期的なキャリア形成に関わる教育訓練・能力開発の管理についてみていく。

　第5章では，従業員が働く職場環境や労働時間について，そのネガティブな要素を解消し，生産性向上に資する作業条件管理を扱う。

　第6章では，昇格・昇進といった人事的処遇や昇給・賞与といった金銭的処遇のための事前手続きとなる人事評価について説明する。

　第7章では，人事評価結果に基づく報酬管理として，賃金と福利厚生についてみていく。

図表Ⅰ－1　人的資源管理の主要な職能

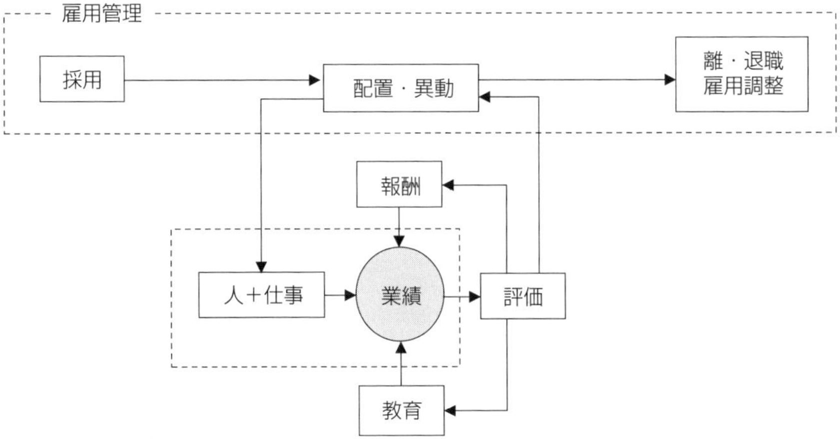

出所：岩出（2016）48頁。

第1章
採用管理

1　採用管理とは何か

　企業は事業を維持し，継続していくために事業活動に必要な人材を確保しなければならない。現代の企業を取り巻く雇用環境は，生産年齢人口の減少にともない，様々な産業で企業の人手不足が深刻化してきている。そして，インターネットの発達による情報化は，転職を容易にさせ，雇用の流動化を促進させた。したがって，企業には計画的・戦略的な採用活動が求められるようになってきているといえる。

　雇用管理の最初の段階である採用管理とは，「企業に必要な労働力を労働市場から募集・選抜する一連の過程」のことを指す。合理的かつ効率的な経営のためには，企業にとって必要な人材を過不足なく計画的に採用しなくてはならない。したがって，企業は採用活動の実施にあたり，適正な要員数を計画する「要員計画」（human resource planning）を立て，その後に採用計画を策定する。

　要員計画は，「一定の時期において一定の職務に配置するのに適した従業員数を確保する手続き」と一般に定義される。企業は，定年に達して企業を退職する従業員の数を把握するだけでなく，転職等で企業を去る人数もあらかじめ想定しておき，従業員数を安定的に確保しなければならない。また事業の展開や統廃合によって，現場で必要とされる人員も変わる。近年は，雇用管理に競争戦略論の考え方を応用した「戦略的人的資源管理（strategic human resource management）」の考え方が普及してきており，企業全体の事業計画に

基づいた要員計画はますます重視されるようになってきている。

要員計画の基本的な手続きは，

① 企業の戦略的な目標の決定

② 戦略目標達成に必要とされる従業員の技能や知識と総数の決定

③ 現有の従業員から見て，新たに調達すべき要員数の決定

④ 必要な要員を確保すべき実行計画の策定

という4つの基本段階によって計画される。一般に，3～5年程度の長期の事業計画に合わせた長期要員計画が策定され，それに基づいた採用活動が実施される。一方で，予定されていた計画以外の補充採用も実施される。欧米諸国では，キャリアアップをめざした転職が一般化しているため労働力の流動性が高く，欠員の発生によって補充採用が随時実施されている。近年，日本でも労働力の流動性が高まっているため，補充採用の意義が重視されるようになってきている。

長期要員計画の策定は，計画要員総数と要求要員総数という2つの大きな要素に関わる。

① 計画要員総数とは

計画要員総数は，経営財務から算定される人件費総額（賃金支払能力）によって雇用できる要員の総数のこと。具体的には，この人件費総額は，企業の長期経営計画として算定される利益計画から算定され，要員総数は，人件費総額を従業員の平均給与額で除することで算出される。

② 要求要員総数とは

要求要員総数は，各職能部門の業務計画を行うために必要とされる人員を各部門が算定し，それを積み上げた要員総数のこと。

予算管理（費用の算出）においては人件費をできるだけ抑制しようと計画するため，一般的には，現場が要求する要求要員数を計画要員数が上回ることはほとんどない。なぜなら企業は，できるだけ省力化，業務効率化・外注化などを検討し，人件費の圧縮を検討しようと考え，各職能部門の要求要員数の削減調整を行うからである。しかし，この長期要員計画も，企業の環境である景気（経済情勢）や労働市場の動向などの変動要因に影響を受けるため，状況に合

わせた見直しと修正を行う柔軟な対応が必要とされる。

2　採用管理の手続き

2.1　採用方法

　採用管理の状況を大別すれば，「通年採用」と「定期採用」の2つに分けられる。通年採用は，欠員が生じたときに随時募集する採用方法で，欧米企業で普及している。一方，日本の大企業を中心とした採用活動は，これまで定期一括採用が一般的だった。なぜなら，日本の大企業はこれまで，正規従業員の定年退職までの長期継続雇用を前提としており，中途採用を極力行わず，新規学卒者を定期的に一括採用していくように運用されてきたからである。今日，非正社員を通常の業務に雇い入れる雇用の複合化や，事業計画によっては即戦力として期待できる中途採用の需要が増加してきている。日本の大企業を中心とした採用活動は現在も新卒定期一括採用が中心だが，通年採用に移行する企業も現れてきており，変化の兆しがある。採用活動の新たな動きについては後述することにして，ここではまず，これまで主流だった新卒定期一括採用の内容について見ていく。

　前節で述べたように，企業は事業計画に基づいた戦略的な長期の要員計画を策定する。そしてそれに基づき，その年度における定年退職者による人員の減少と各職能部門からの増員要求を考慮しながら新規学卒者の採用予定人員の大枠を決定する。その内訳は，職種の大別（事務・管理系，営業・販売系，技術・技能系）を基礎として，学歴別の人数となる。

　こうして決定される次年度採用予定数を目標として実際の採用活動が実施される。採用活動の主管は人事労務部門にあり，欧米企業では直属の上司となるライン管理者（各職能部門長）が採用の最終決定権を持っている場合が多く，日本企業の場合は，職能部門の協力を仰ぐものの採用の最終決定権は，人事労務部門にある場合が多い。

　今日の大卒の新卒者の採用フローは，企業の規模や業種によっても異なるが，一般的に**図表1-1**のような定型的なプロセスとなっている。求職者への求人

図表1-1　大卒採用の一般的なフロー

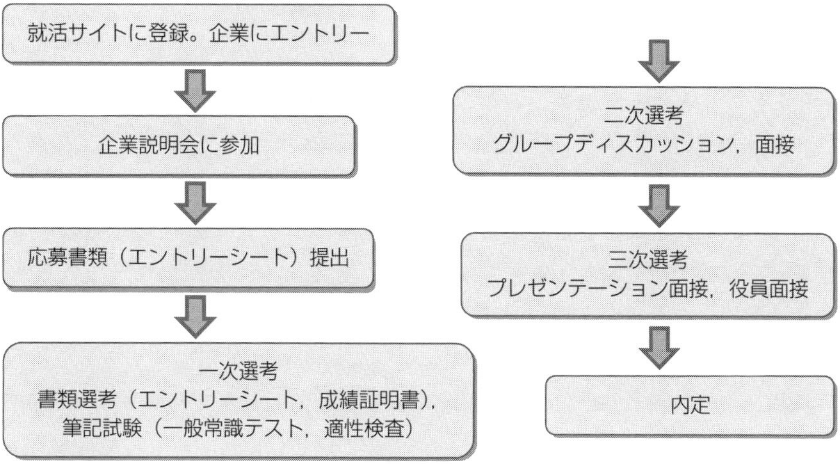

就活サイトに登録。企業にエントリー

↓

企業説明会に参加

↓

応募書類（エントリーシート）提出

↓

一次選考
書類選考（エントリーシート，成績証明書），
筆記試験（一般常識テスト，適性検査）

二次選考
グループディスカッション，面接

↓

三次選考
プレゼンテーション面接，役員面接

↓

内定

出所：筆者作成。

情報の発信は，多くの企業が大手就職サイトや自社サイト上で情報公開を行い，エントリーシートの配布や企業説明会の告知を行っている。一次選考として書類や適性検査などの筆記試験があり，その後，2次面接やグループディスカッションを通じて，採用候補者を絞り込んでいく。近年では求職者の多様な資質や能力を評価しようとする採用方法が考案されている。新卒採用における新たな動きについては後述する。

2.2　採用基準

採用方法において日本企業と欧米企業で違いがあるように，採用基準においても欧米企業と日本企業では大きな違いがある。欧米企業が，職務記述書と職務明細書に基づき，募集した職務を遂行できる「能力」を重視し，これまでのキャリアや「実績」を採用基準としているのに対し，日本企業のこれまでの新卒採用の基準は，企業人として組織に適合できるか否かを問う基礎的な「資質」が重視されてきた。なぜなら，長期雇用を前提とする中で，特に新卒社員は将来の企業を支える幹部候補生となるからである。

日本企業の人材育成の基本的な考え方は，企業が設定する教育訓練や人事異

動（配置転換）を通じて幅の広い多能的な職務遂行能力を身につけさせること，つまり「ゼネラリスト」を育成することであるために，欧米企業のような能力や実績は採用時には重視されてこなかった。その代わりに，企業の方針をよく理解し，企業人として適応できるかどうかの「資質」が問われていたといえる。このような傾向は，事務・管理系，営業・販売系の職種で採用される文科系の学生の場合に顕著で，熱意・意欲，一般常識・教養，健康・体力，組織人としての適合的な性格などの資質が重要な採用基準になっている。一方，大学・大学院卒の技術・研究職と工業系専修学校卒の場合は，その専攻分野に応じた技術関連部門への配属がある程度特定されているために，専門的な知識・技能が重視される傾向にある。

　採用における判断基準は大きく性格的資質と能力的資質に大別することができる。特に能力的資質に関していえば，特定の職務に直結するものではなく，基礎的能力を求めているという点は今も変わりない。

　しかし，今日の企業環境の変化（グローバル化やIT化）を背景にして，日本経団連は，2004年に「21世紀に生き抜く次世代育成のための提言」を発表し，これからの企業で求められる人物像を「ものごとの本質をつかみ，課題を設定し，自ら行動することによって問題を解決していける人材」と定義している。具体的には，①志と力，②行動力，③知力，の3つの基礎能力が求められるとされており，倫理観の醸成とともに，与えられた知識だけに頼らない，課題発見・解決能力や主体性が重視されているといえる。同様に，大学生が身につけるべき能力として2006年に経済産業省が提言した「社会人基礎力」は，①前に踏み出す力，②考え抜く力，③チームで働く力，の3つの基本能力を基礎とし，「職場や地域社会で多様な人々と仕事をしていくために必要な基礎的な力」として提唱された。

　このような企業が求める人材像の変化は，「即戦力採用」を行う企業の増加とも捉えられるものである。近年の環境変化の速さは，人材育成のための時間的なゆとりの減少につながっている。つまり，採用後にじっくりと育てていくような余裕はこれからの企業にはない。さらに，不確実性の高い環境の中では，自ら考え自ら環境適応できるような自律的な人材が求められている。このような環境変化を背景に，今日的な採用基準に即した企業が求める人材像を端的に

表現すると，「コミュニケーションと行動力によって創造力を発揮しながら環境に柔軟に適応していける学生」というような，基礎的な能力水準の高い人材ということになるであろう。このように求められる人材像は時代によって変化するものであるから，「企業が求める人材像とは何か」があらためて問われている。

2.3　選考方法

企業の採用基準において個人の「資質」が重視されることから，その選考方法は，以下のようなものが一般的に利用されている。

① 書類審査

　履歴書，エントリーシート（応募用紙）成績証明書，卒業見込み証明書，健康診断書などの基本書類によって，求職者が必要な学力，知識，潜在能力を備えているかを審査する。

② 健康診断

　求職者が健康面で問題を抱えていないかを審査する。

③ 学力試験

　筆記試験や，小論文など。求職者の一般常識，基礎学力を審査する。

④ 適性テスト

　一般知能，職業適性，性格診断などによって，求職者が職務に必要とされる能力や性格であるかを審査する。

⑤ 面接試験

　求職者の熱意，意欲，性格，知識，個性，適性など，個人を総合的に審査する。人事担当，関連部署の課長，役員までの数段階に分けて，複数の面接官により実施される。

　これらの方法の中で，書類審査・健康診断・学力試験・適性テストは，個々の企業の政策的な判断基準に基づいて，第1次選考における2段階選抜のためのふるい落としに用いられるのが一般的となっている。また，1997年の就職協定廃止をきっかけに急速に普及したのが，「メールエントリー制」である。これは，履歴書以外に企業独自の応募用紙（エントリーシート）に「学生時代に

力を入れたこと」「入社後に取り組みたい仕事」など自己PRを書かせ，その内容から求職者の能力や適性，意欲や行動特性などを読み取り，第１次選考のふるい落としに利用するとともに，面接時における質問資料として活用していくものである。

　先述したように産業界が求める人物像は，働く現場で求められる具体的な能力に変化してきている。したがって，就職活動を実施する学生が記入するエントリーシートにおいては，企業の事業活動全般への理解や，将来の仕事への熱意が確認されるとともに，学生時代の「実績」やそこで培われた「能力」が重視されるようになってきているといえる。

　一方，選考手続き上，最も重要視されている方法が面接試験である。筆記試験を行わない企業があっても，面接を行わない企業はないことからも明らかなように，企業が面接を重視していることがわかる。面接方法には主に，個人面接と集団面接があり，その評定項目は，態度・表現力・判断力・積極性・理解力・協調性・意欲・一般常識・専門知識・論理性など多岐にわたる。いくつかの段階（一般的には３段階程度）にわたる面接を通じて求職者のふるい落としが行われているのが実態である。

　最近では，他者との関係の中でどのようなふるまいを行うかをみるディスカッション面接やディベート面接が実施される。また求職者に課題を与えて，プレゼンテーションをさせる「プレゼンテーション面接」など，面接方法の多様化も進んでいる。また，本人重視の立場から求職者の大学名を問わない「大学名不問面接」などの工夫をする企業も現れてきている。また，採用プロセスの中にインターンシップ制度を導入する企業も出現しており，求職者も採用側もお互いをよく知るような新しい仕組みが取り入れられ始めている。

3　雇用の複合化

3.1　戦略的中途採用の定着化

　日本の大企業を中心とした日本型人事労務管理における採用管理は，先述したとおり，定年までの長期雇用を前提としていたために，これまで中途採用を

極力行わず，職種を限定せずに新規学卒者を定期一括採用することが一般的
だった。定期一括採用による新規学卒者を採用し育成する仕組みは，企業を取
り巻く環境が安定的に成長し，それにともなって必要な人材を安定的に供給す
る仕組みとして，かつてはうまく機能していた。しかし，産業構造の高度化
（経済のサービス化），グローバルな企業競争の激化，またバブル経済崩壊以降
の減量経営やリストラ（人員整理）の進行を受け，人々の就業意識や企業の採
用管理のあり方に変化が現れてきている。

　採用管理における新たな動きは，これまで中途採用を極力避けてきた大企業
がそれを積極的に進めていることである。2018年の『労働経済白書』によれば，
5年前に比べて正社員等の中途採用を実施した大企業の割合は，26％から38％
へ増加している。大企業は，現代の複雑な企業環境の中で，「多様な経験や才
能を持つ人材」，「高度の専門性を持つ人材」を必要としており，そのような人
材を中途採用によって採用しようとしている。従来は，このような能力の高い
人材は，社内の配置転換によって1つの企業にいながら様々な職種を経験させ
ることによって育成されてきた。しかし，社内で育成するには時間もコストも
かかり，社内ゼネラリスト育成型の人材教育では多様な人材を育成するという
面で限界があり，他企業で豊富な経験を積んだ人材を，即戦力として採用する
ことが増えている。

　こうした人材調達は，必要な時期に必要な人材を採用するという意味で，
「戦略的中途採用」と呼ばれ，経営戦略と連動させた中途者の正社員採用計画
は，ますますその重要性を高めている。このような大企業の採用行動の変化は，
結果的に，大企業を中心とした非流動的で安定的な労働市場と，中小企業を中
心とした流動的で不安定な労働市場という，これまでの日本の「労働市場の二
重構造」を壊し，労働市場全体の雇用の流動化を促す大きな要因となっている。

3.2　採用時期の分散化

　これまで新規学卒者の採用は，高校や大学を卒業したばかりの学生を4月に
一括に採用するという方法が一般的だった。しかし，雇用の流動化や慢性的な
人手不足から，1年を通して人手が必要となったら採用を行う「通年採用」を
導入する企業も現れ，採用時期を分散化する新たな動きが見られるようになっ

ている。

　こうした採用時期の分散化の原因の１つは，バブル崩壊後における終身雇用・年功序列慣行の見直しによるコスト削減によるものである。企業の売上が減少し，企業全体のコストを厳しく管理する中で，企業の支出の中で大きな割合を占める人件費総額をいかに抑制し，人材を効率的に活用することが求められている。

　採用時期の分散化を促すもう１つの理由は，若年者を中心とする労働市場の変化である。現在は，約３割の新卒社員が入社から３年以内に転職をしている。このような入社後３年ほどしか経過していない若手人材を「第２新卒」と呼び，このような若手人材を企業は積極的に採用することも一般化している。第２新卒を積極採用する理由は，就職活動や一度就職をして社会人経験を積んでいるため，ある程度の社会性を身につけており，教育訓練に時間をかけずに即戦力として活用できるメリットがあるからである。また，大学を９月に卒業する海外留学生や帰国子女もこの第２新卒にあてはまり，異文化経験を積んだ人材は，発想力や行動力などの点で，組織活性化に役立つことが期待されている。

3.3　コース別採用（複線的採用）

　従来は，文系大学生の場合，原則として職種を特定しない「ゼネラリスト採用」が一般的で，入社後の研修や面談等を通じて，あらためて適性が判断され部署へ配属された。学生側も「どんな仕事にも挑戦する」という姿勢で入社していたため，職種を特定しない採用は特に問題にはならなかった。しかし大卒の新卒社員の約３割が３年で離職してしまう今日，企業は，従業員のキャリアプランを把握し，従業員の職場満足を向上させ，人材の定着化に取り組まなければならなくなった。

　近年では入社後の職種が限定された「コース別採用」が専門職において一般化している。かつては，女性の高学歴化・職場参加・キャリア志向の増大を背景に，1986年に施行された男女雇用機会均等法を契機として，数多くの企業でコース別雇用管理が導入され，それに応じて，コース別採用が導入された。つまり，かつてのコース別採用は，女性社員の採用方式に用いられており，男性社員の補助的業務に就く「一般職」と男性社員並みの基幹業務に就く「総合

職」とに分けられていた。しかし，1999年に施行された改正男女雇用機会均等法によって，性別による管理が禁止されるようになったため，女性を対象とした一般職・総合職というかつてのコース別採用はなくなった。

　さらに近年では「ワークライフバランス」などの考えの浸透により，個人生活や家庭生活を重視した働き方を求めたり，働く地域を住み慣れた地元に限定したり，人々の価値観の多様化を背景にして，新たな処遇格差のある採用方式が生まれている。たとえば，全国に支社のある大企業では，転勤することは当然のこととこれまで受け入れられてきたが，会社都合による転勤をともなわない「勤務地限定採用」などが生まれている。

　勤務地限定採用は転居をともなう転勤が免除される代わりに，昇進・昇格の処遇上で一定の制約を受ける。個人的な家庭の事情で転勤が困難な人や地元志向・地域志向の人にとっては，魅力的な制度といえるかもしれない。またこれを，特に女性の場合で見ると，転勤が女性活用上の大きな障害になっているということから「地域限定（エリア）総合職」という職掌を設け，「勤務地限定社員」と同等の扱いを行っていくコース制として現れている。

　このような限定的な採用方式は，これまでパートタイマーやアルバイトなどの非正規従業員がその担い手となるのが一般的で，正社員は会社に対して限定的な関わりを持つということは考えられなかった。しかし，子育て世代の女性や，家庭を重視する従業員の新たな活躍の場を提供するための採用方式として，特に女性の多い職場で柔軟に雇用を確保する新たな仕組みとして期待が高まっている。

4　多様な人材の活用

4.1　労働市場の変化

　採用時期の分散化を促すもう1つの大きな要因は，日本の人口構造の変化である。人口構造の変化によって引き起こされた深刻な問題は，日本全体の働き手が減少していることである。日本の労働力を測る指標の1つである生産年齢人口は，1995年のピーク時の8,716万人から2019年までに7,504万人まで減少し

た。生産年齢人口の急激な減少は，少子化による若年者の労働市場の縮小と，高度経済成長期を下支えしてきた「団塊世代」と呼ばれる戦後ベビーブーマーたちが65歳以上となったことが大きな要因である。2008年を境に日本社会全体の人口もゆるやかに減少しており，日本は「人口減少社会」となった。したがって，団塊世代の大量退職が出始めた2012年以降，企業は深刻な人手不足に陥りつつある。

　一方，企業の採用活動の指標である有効求人倍率は，2008年のリーマンショック以降，右肩上がりで推移しており，2019年には1.6倍となった。完全失業率もリーマンショック後の５％から下降しており，2019年には2.4％まで低下した。2017年度の大学・高校新卒者の就職率は，厚生労働省の調査開始以降，過去最高となった（大卒：98.0％，高卒：99.3％）。

　特に４年制大学の新規学卒者の採用は，近年，大きな変化を迎えている。新規学卒者は入社後に教育が必要なものの給与水準が比較的低く，安価に雇用できるというメリットがある。したがって企業は，優秀な新規学卒者の採用のために，企業の採用活動時期は早期化の一途をたどってきた。経団連（日本経済団体連合会）は，就活開始時期などのいわゆる「就活ルール」を策定し，大企業を中心とした採用活動と市場の正常化に努めてきた。しかし，2018年10月，就活ルールの形骸化と新卒一括採用の仕組みの見直しのために，経団連は就職活動に関する指針（就活ルール）を廃止することを決定した。就活ルールの見直しによって企業の採用活動を活発化することで，必要な人材を流動的かつ適時に確保する仕組みを作ることがねらいである。

　したがって，このような労働市場の指標からもわかるように，現在の企業は若年人材の労働市場の縮小と厳しい人件費管理の状況下で，優秀な若手人材の確保が現代企業にとっての大きな課題になっている。

4.2　就職情報サイトの普及

　大学生の就職活動や一般の社会人の転職活動においては，就職情報サイトが普及・一般化している。代表的な就職情報サイトは「リクナビ」（リクルートホールディングス）と「マイナビ」（毎日新聞社）で，それぞれ約２万社の企業が掲載されている。多くの大企業への就職活動の入口となっているため，就

職活動を実施する大学生の全数（約70万人）が両サイトに登録している。つまり現在の就職活動は就職情報サイト抜きには考えることができず、デファクト・スタンダード（事実上の標準）となっている。

　就職情報サイトのメリットは、企業側においては、幅広い学生に対して自社の存在を知らしめることができ、学生にとっては、ナビゲーションシステムを使って業界、業種、勤務地、勤務形態、給与等の様々な項目によって企業を選別することができることがメリットである。一方、現実的な問題として、企業の採用担当者は、応募数の増加に悩まされることにもなった。手軽にエントリーできる仕組みであるために、飛躍的に増加した多数の求職者に対応しなければならない。

　このような問題を解消するために企業は、エントリーシートの記載内容を増やしたり、合同説明会やインターンシップへの参加を義務付けたり、英語の資格試験のスコアを明記させたり、求職者に対して難しい課題を与えることによって、求職者をふるいにかけている。また、学歴や学校歴などに基準を設け、いわゆる「見えざるフィルター」を設け、求職者をふるいにかけているという実態も指摘されている。

　就職情報サイトは、企業の情報開示のための仕組みとして、オープンな就職活動のツールとして有用なものであるが、採用活動の効率性と優秀な人材を確保するという点において、情報の活用に工夫が必要であるし、検討の余地があると考えられる。

4.3　雇用のミスマッチの回避

　情報化は、就職情報サイトだけでなく、企業が自ら求職者へより積極的な情報提供を行うことを可能にした。近年は多くのユニークな採用に取り組む企業が増えている。以下において、その一例として、インターンシップ、通年採用、リファラル採用について取り上げる。

⑴　インターンシップ

　就業前の学生が企業において就業体験をすることをインターンシップという。日本の大学生の就職活動では、就職活動を目前に控えた大学3年生の夏休みや

春休みなどの長期休暇に実施されることが一般化している。また1年生や2年生でもインターンシップに参加することも増えており，早期化の傾向にある。就職サイトのマイナビが2021年卒の大学生を対象にした調査によれば，約92%の学生が何らかのインターンシップに参加したとのアンケート結果も出ており，大学生の就職活動においてインターンシップは広く普及しているといえる。

　インターンシップのメリットは，企業と学生の双方が，就業体験を通して互いの理解を深められることが最大のメリットである。学生にとっては入社後の仕事のイメージがしやすく，企業側も面接の短い時間だけではわからないような学生の持つ特性やパーソナリティを把握することができる。インターンシップの参加期間は，1Dayインターンと呼ばれる1日のみのインターンシップの実施が最も多くなっている。

　たとえば，ユニークな採用を毎年実施しているサイバーエージェントでは，4次選考にインターンシップや「弟子入り」と呼ばれる特別な職場体験プログラムを実施している。この弟子入りは，経営陣や子会社社長，各部門の事業責任者などの管理職を「師匠」とし，自分のなりたい姿の先輩社員のすぐ側で働くことで，会社や仕事の本来の姿を見せること目的としている。

(2)　通年採用

　通年採用は，新卒定期一括採用に代わるものとして，今後幅広い業種や企業において採用されてくることが予想される。通年採用は企業が年間を通して採用活動を行うことで，卒業時期が異なる海外の大学を卒業した帰国生や既卒者を採用しやすく，優秀な人材を採用することが期待されている。定型的な採用スケジュールに縛られないため，採用活動が分散化し採用コストが増大することが懸念されるが，就活ルールの廃止やインターンシップの早期化を受けて，通年採用への移行が徐々に進展しつつある。

　通年採用を積極的に進めている企業に，ファーストリテイリング傘下のユニクロがある。ユニクロでは，新卒，第2新卒，中途，国籍を問わないオープンな通年の採用方法を採用する。大学の学年も関係なく，大学1，2年生の応募も受け付け，一度不合格になっても，期が変われば再応募が可能な仕組みとなっている。適性検査，複数の面接をクリアし，本部セッションをクリアする

ことで，ユニクロパスポートが発行され，発行から3年間はいつでも最終面接
を受けることが可能である。

(3)　リファラル採用

　リファラル採用とは，「自社の社員や内定者などの内部者の人脈から紹介を
受けた候補者を対象に行う採用活動」のことを指す。このような新たな採用方
法が生まれた背景は，従来の就職活動サイトを利用して優秀な人材を応募して
も母集団が大きく，希望する人材と出会える確率が高くないということ，そし
て多数の求職者の中から選考しなければならないため選考コストが増大すると
いう理由からである。かつては，大学生の就職活動では大学の卒業生やゼミの
先輩などとのつながりを利用したいわゆる「OB・OG訪問」が一般的だった。
このリファラル採用も身近な人とのつながりから採用活動を行っていくという
点で同じであるといえる。しかし，リファラル採用は企業の内部者が人事部等
へ知人を「選考候補者」として紹介することをきっかけに，企業側から積極的
に採用活動を行うという点において，かつてのOB訪問とは異なる採用方法で
あると考えてよいだろう。

　リファラル採用の利点は，仕事内容や企業風土をよく理解している内部者か
らの紹介であるため，求職者も企業のことを事前によく理解できるというメ
リットがある。企業側も既存の信頼できる従業員からの紹介ということであれ
ば，求職者の適性がある程度は保証されていると判断できるため，採用に関わ
るコストを抑えることができる。

　本章で見てきたように，人口構成の変化によって日本の労働市場は，近年，
急激な変化を迎えている。企業が経営活動を維持するためには，労働生産性を
上昇させることが課題である一方で，新しい働き手を探すことも必要となる。
若年者，高齢者，女性，外国人など，多様な人々を採用するという新たな課題
に企業は直面している。

第2章
配置・異動管理

1　配置・異動管理とは

　配置・異動管理の目的は，企業の維持・発展に資する人材を採用し，その持てる能力を最大限に発揮できるような適材適所の人材配置を行うことである。一般的には，「職務」を担当できる能力と経験を持ち，成果をあげることが期待できる人材を採用するので「採用＝配置」となる。職務にマッチした人材を採用することが前提であるため，同一職務の中でより責任をともなう役職への昇進や，経営者ないしはそれに準ずる職務に就く場合に企業内での異動が発生する。

　しかしながら，多くの日本企業では，従業員の能力開発や後継者育成を目的とした異なる職務への配置転換やジョブ・ローテーションが行われている。これは，日本企業の配置・異動管理における特徴といえる。

　欧米諸国では，第一次世界大戦中の労働力不足を契機に，労働力の合理的活用が必要であったことから配置管理も合理化されたといわれている。職務分析や評価手法等の発展によって職務内容と資格要件が明確になったこと，適性検査が充実してきたこともその一因であると本多（1979）は述べている。

　本章では，職務に対応する人を割り当てることを配置（placement／job assignment），職場での地位や勤務地などが変わることを異動（transfer）とする。最適な人材を職務に配置する「適正配置」あるいは「適材適所」は，能力を十二分に発揮できる職務にいかに配置するかということである。

　異動により配置が完了するため，配置と異動は一体としてみることができるが，日本企業においては，配置は「従業員と仕事を結びつける」仕組み・手続きとして，異動は「従業員の仕事履歴となるキャリア形成」の仕組み・手続きとして捉えられることが多い（岩出，2016）。

1.1　内部労働市場型と外部労働市場型の人事管理

　国家戦略特別区域法（平成25年12月13日法律第107号）第37条第2項に基づき定められた「雇用指針」では，配置（転換）を次のように説明している。

　　　「配転」とは労働者の配置の変更であって，職務内容または勤務場所が相当の長期間にわたって変更される。同一勤務地（事業所）内の勤務箇所（所属部署）の変更が「配置転換」，勤務地の変更が「転勤」と称されることが多い。日本では，長期的な雇用を予定した正規雇用労働者について，職務内容や勤務地を限定せずに採用され，企業組織内で労働者の職業能力・地位の向上や労働力の補充・調整のために系統的で広範囲な配転が広く行われている。

　この「雇用指針」は，グローバル企業および新規開業直後の企業等が，日本の「雇用ルールを的確に理解し，予見可能性を高めるとともに，労働関係の紛争を生じることなく事業展開することが容易となるよう」に，労働関係の裁判例の分析・類型化をしたものである。そこでは，日本企業に多く見られる「内部労働市場型」の人事管理と，外資系企業や長期雇用システムを前提としない新規開業直後の企業に多く見られる「外部労働市場型」の人事管理の特徴を紹介している（**図表2－1**）。

　外部労働市場型では，異なる職務への配置転換は，これまでの能力や経験を活かすことが困難となり，報酬が低くなることもある。さらには従業員のキャリア形成を阻害することにもつながるので，職務とのマッチングを基準に雇用された従業員にとっては受け入れ難いものとなる。しかし，従業員にとっては不利となり得る異なる職務への配置転換は，内部労働市場型の日本企業では一般的に行われている。

　従業員に対して日本企業が配転命令権を所有していると考えられる理由には，

図表2-1 内部労働市場型と外部労働市場型の人事管理の特徴

内部労働市場型	外部労働市場型
・新規学校卒業者の定期採用 ・職務や勤務地の限定なし ・長期間の勤続を前提とする ・仕事の習熟度や経験年数等を考慮した人事・賃金制度の下での昇格・昇給	・空きポスト発生時に社内公募または中途採用を実施 ・長期間の勤続を前提としない ・職務給の実施
・幅広い配置転換や出向	・職務が明確 ・人事異動の幅が狭い
・就業規則による統一的な労働条件の設定	・労働者個人ごとに労働契約書で労働条件を詳細に設定
・景気後退に際し，所定外労働の削減，新規採用の縮減，休業，出向等による雇用調整 ・雇用終了の場合は，整理解雇の前に早期退職希望者の募集等を実施	・特定のポストのために雇用された労働者については，ポストが喪失した際には，金銭的な補償や再就職支援を行った上で解雇を実施

出所：厚生労働省（2013）「雇用指針」をもとに筆者加筆訂正。

以下のようなことがある。「雇用指針」で示されているように，労働契約を締結する際，職務内容および勤務地が限定されず，従業員は企業から命令された職務および勤務地で就労するため，企業は包括的な権限（職務内容および勤務地の決定権限）を従業員から付与されていると考えられるからである。就業規則に「従業員は企業の配転命令に従うこと」等の一文が定められていることも多い。

　配転命令の有効性に関する判例では，「上告会社の労働協約及び就業規則には，上告会社は業務上の都合により従業員に転勤を命ずることができる旨の定めがあり，現に上告会社では，全国に十数か所の営業所等を置き，その間において従業員，特に営業担当者の転勤を頻繁に行っており，被上告人は大学卒業資格の営業担当者として上告会社に入社したもので，両者の間で労働契約が成立した際にも勤務地を大阪に限定する旨の合意はされなかったという前記事情の下においては，上告会社は個別的合意なしに被上告人の勤務場所を決定し，これに転勤を命じて労務の提供を求める権限を有するものというべきである」（東亜ペイント事件/最高裁二小判決/昭61.7.14）としている。

　当該判決では，「労働力の適正配置，業務の能率増進，労働者の能力開発，

勤務意欲の高揚，業務運営の円滑化など企業の合理的運営に寄与する点が認められる限りは，業務上の必要性の存在を肯定すべきである」として，企業の配転命令の必要性を認めている。就業規則や労働協約に規定された配転条項により，企業は配転命令を出すことができ，従業員は配転命令に従うことが求められているといえる。しかしながら，企業の配転命令に対して従業員が異議を申し立てる，あるいは配転命令を拒否する等の，配転命令の有効性あるいは配転命令拒否を理由とした懲戒処分等の有効性について争うケースが増加している。この点については後述する。

1.2　メンバーシップ型とジョブ型

　外部労働市場型と内部労働市場型の分類と対応するように，濱口（2013）は，仕事に対して人をあてはめる欧米型を「ジョブ型雇用」，人を中心とした管理により，人と仕事の結びつきを自由に変えられるようにする日本型を「メンバーシップ型雇用」と名づけている。また，戦後形成された日本型雇用システムにおいて，正社員は企業のメンバーとして，企業の指示命令に従う代わりに，定年までの雇用と生活の保障があるという一種の取引が成立していたことを指摘する。このような日本企業に一般的な内部労働市場型（メンバーシップ型雇用）の人事管理において，企業と従業員とは「保障と拘束の交換」関係にあり，さらには「見返り型滅私奉公」となっていると述べている。

　また，アベグレン（Abegglen, J. C., 1958, 1973）が指摘したように，日本企業と従業員との間には，労働契約等で文章化されてはいないけれども，企業と従業員の間で守られてきた暗黙の了解がある。

　たとえば，業績が低下した際，外部労働市場型の企業では，事業部門の売却，一時帰休（layoff）や解雇等を選択することが一般的であるのに対して，内部労働市場である多くの日本企業の場合は従業員の雇用継続を優先し，まずは企業内での配置転換や労働時間の調整等で対応する。次に，新規採用の縮減あるいは賃上げの抑制や賞与の削減等が実施されることが多い。また，従業員側も，異なる職能への配置転換等を受け入れるが，企業および従業員にとって，「雇用の安定」が暗黙の了解としてあったからともいえる。なお，従業員の整理解雇には制約（人員整理の必要性，解雇回避努力義務の履行，被解雇者選定の合

理性，解雇手続きの妥当性の4要件の充足）があること，社会的制裁や評判の低下等に対する懸念も，企業の解雇決定に影響を与えている可能性もある。

　暗黙の了解としての「保障と拘束の交換」や「見返り型滅私奉公」を前提とする日本企業では，従業員の自在な配置・異動による「柔軟な人材活用」が行われ，従業員も異なる職能への配置転換，転居をともなう異動や単身赴任を受け入れてきたといえる。バブル崩壊やリーマンショック等を経て，企業と従業員とのそのような暗黙の了解は変化しつつあるが，それでも外部労働市場型の企業と比較すれば，企業と従業員との労働契約関係は比較的安定しているといえる。

1.3　異動の分類

　ここでは，シャイン（Schein, E.H., 1978）の「組織の三次元モデル」（**図表2-2**）をもとに，従業員のキャリア形成との関連で，配置・異動についてみていく。

　第1に，昇進等の職階上の職位間の異動，すなわち垂直方向の移動である。課長や部長などの職位を上げる（あるいは下げる）異動によって形成されるキャリアである。

　第2に，職能上の異動，すなわち水平方向の移動である。営業部門から総務部門へといった異なる職能への異動により形成されるキャリアである。

　第3に，中核的業務の担当になるといった中心方向への移動である。特定の職能で専門性を高め，エキスパートあるいはプロフェッショナルとして，企業中枢で職責を担う立場となるキャリア形成である。

　これら垂直方向，水平方向，中心方向への移動は相互に関連し，その移動によって結果的にキャリアが形成されていくが，職務範囲が設定され，その職務が要求する能力要件を満たす従業員を採用し配置することを前提とする外部労働市場化型の企業では，能力要件が異なる職能への異動（水平移動）は，それほど行われない。それに対して，日本企業では，本人の専門性や希望を勘案しつつも，異なる職能への異動が一般的に行われている。社内事情による異動に加え，適時の職場内配置転換や定期的な職場間配置転換は，従業員の能力開発の場として，また，様々な経験を積むことによる調整能力の習得等を期待して

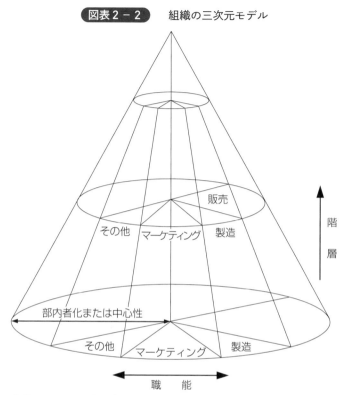

図表2-2　組織の三次元モデル

出所：Schein, E.H.（1978）。

実施されてきた（岩出，2016，p.181）。そのような異なる職能への異動が従業員に受け入れられてきた背景には，前述したような長期継続雇用を前提とした企業と従業員との暗黙の了解に基づいた関係がある。

2　配置・異動管理の施策

　通常，職能内や事業所内の異動はライン管理職によって実施されるが，職能や事業所を超えての異動には人事部が関与することが多い。ライン管理職は，優秀で自部門の業績向上に必要であればあるほど，その人材を囲い込もうとするが，人事部門は企業全体から見た最適な人材配置を行おうとするため，部門

最適と全社最適を志向するライン部門と人事部門との間での綱引き，「異動の力学」が発生する（八代，2002）。

2.1　採用から配置へ

　外部労働市場型の企業，特にアメリカ企業では，企業内の職務を職務分析し，その内容を職務遂行上必要な人的資格要件を記述した「職務明細書」と，各人が担うべき職務内容を規定した「職務記述書」にまとめ，それらに基づき人材を配置する。職務内容に対応して賃金額が決定される職務給による賃金制度を採用しているため，職務記述書の範囲を超えた職務に従事することは，その前提となる賃金制度（賃金秩序）を崩すことにつながるため認められない（岩出，2016）。それに対して，多くの日本企業では，職務分析に基づく「職務明細書」や「職務記述書」がない中で配置・異動を含む人事管理が行われてきた。仮にそれらがあったとしても，アメリカ企業のような厳密な運用はされていない。「職務明細書」や「職務記述書」をもとに運用されているのであれば，スキル・知識・経験のない学生を，全学部・全学科対象で募集し一括採用することはありえないであろう（**図表２－３**）。

図表２－３　日米企業における職務割り当てのイメージ図

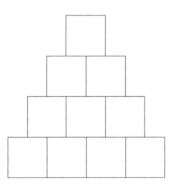

アメリカ企業の組織
（剛構造の組織）

明確な職務境界があり，個人の
職務範囲は限定されている。

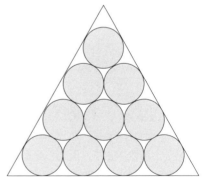

日本企業の組織
（柔構造の組織）

白地の部分の仕事が適宜分担されるため，
個人の職務範囲は弾力的である。

出所：石田（1989），岩出（2016）参照のもと筆者作成。

　経験者採用の場合は，職務担当能力による選考であるため「採用＝配置」であるが，新卒一括採用の場合は，スキル・知識・経験とも未知数であることから，本人の希望や，面接時あるいは新入社員研修等で垣間見た適性と企業内の事情とを勘案した上で，仮配置することも行われる。新入社員の配置は概ね研修を兼ねて新入社員全員を一定期間，工場や営業所等に配属した後に職能部門に配置する場合と，入社当初から特定の職能部門に配置する場合とがある。

　製造業や金融業等で多く見られた前者のケースは，将来的には企画や総務・経理等のスタッフ部門に配置する予定の従業員に対して，モノづくりや顧客対応等，現場での経験を積ませ，将来の職務に役立てることを期待して実施されてきた。幹部候補生として入社した学卒社員に対して，事業所で2～3年経験を積ませることが一般的であった時代もあるが，今日では長くとも1～2年であり，半年現場→半年研修→半年現場等と組み合わせて実施するケースなどもある。研修費用の削減や，現場に配置されたことによる新卒社員のモチベーション低下や離職等を背景に，職務とのミスマッチを避けるために一定期間を仮配属として職務や職場との適性や相性を確認することも行われている。

2.2　適正配置と異動

　職務と人材がマッチしていることを前提に採用する外部労働市場型は，そもそも適正配置であるため，経営環境の変化等により，事業売却やM＆A，アウトソーシングの活用等により職務自体がなくなる，あるいは能力要件が変化することもある。

　なお，外部労働市場型の英米企業でも内部昇進制度は存在する。外部労働市場型の企業でも，労働力をすべて外部労働市場から調達するのではなく，企業内の疑似労働市場も活用し適正配置が行われる。

　イギリスの研究所が，イギリス企業355社を対象に調査した結果（複数回答）では，内部昇進（制度）を行っている企業は49％，管理者を募集するために地方紙の広告を利用した企業が45％，全国紙を利用した企業が39％，業界紙を利用した企業が33％という順であった。アメリカでも同様で，多くの管理者は下位の管理職として雇用され，その後に昇進や水平的な職業間移動を通じて同一企業でより上位管理階層を登っていく（小野，1997）。外部調達と内部昇

進の割合や配置・異動の目的や方法が，内部労働市場型の日本企業とは異なるのである。

　企業が異動を行う目的には，①再配置による人材活用，②ゼネラリスト・多能工の養成，③従業員の能力開発，④従業員の動機づけ，⑤不正防止，⑥人心の刷新，⑦後継者育成，⑧戦略への対応等（本多，1979）がある。異動には，適正配置，人材育成，組織活性化等，様々な要素が含まれているのである。

　日本企業では，採用・配置後に，必要に応じての適宜の異動や定期異動により，幅広い職務を経験するジョブ・ローテーションが行われることが多い。転勤を含めた企業内での配置転換や出向も良い経験となるが，特に，グループ会社や海外での経験は，在籍企業での職位よりも上位の職位で責任と権限のある職務に就くことも多いため，その経験と幅がよりひろがる可能性がある。

　異動先での新たな職務経験等によって職務能力の深化・拡大が可能となること，幅広い分野での職務経験を積む中で本人の適性をさらに見ることによって，適正配置は可能となる。また，多様な経験は，職務遂行をする上での多様なアプローチと思考の習得を促進するとともに，社内外にわたるネットワークの拡大も期待できる。

　異動は，前述のような効果も得られるが，大きなストレス要因となる場合もある。特に新入社員を中心とした若年層においては，納得できない配置・異動は，組織社会化の阻害，モチベーションの低下，早期退職へとつながる。配転命令権が企業にあったとしても，従業員の意向や置かれた状況を確認することは重要である。この点も含めて，次項では配置・異動に関する今日的な課題を見ていく。

3　配置・異動管理の今日的課題

　事業上の都合や人材育成等を目的とする配置転換，特に転勤・出向・単身赴任は，従業員自身のキャリア形成や家族を含めた生活や人生設計に大きな影響を与える。企業の置かれた状況や従業員の価値観の変化は，これまでのような「保障と拘束の交換」や「見返り型滅私奉公」を前提とした従業員の自在な配置・異動による「柔軟な人材活用」を困難にしている。労働力人口・生産年齢

人口の減少，女性・高齢者の就業率の上昇，共働き世帯の増加などの環境要因に加え，従業員のワークライフバランスに対応した配置・異動管理が求められる。

3.1　配置転換・転勤・出向の状況

ここでは，労働政策研究・研修機構（2014）の調査をもとに配置転換・転勤・出向の状況を示す。

(1)　配置転換

配置転換は，「定期的に行う」「定期的ではないが，行う」をあわせて約70％の企業で実施されている（**図表2－4**）。企業規模が大きくなるほど配置転換を行う企業は多くなり，従業員1,000人以上の企業（以下，大企業）では約97％が実施している。配置転換の目的（複数回答）は，「従業員の処遇・適材適所」が最も高く，「従業員の人材育成」「異動による組織の活性化」と続く（**図表2－5**）。大企業でも同様の目的で実施され，いずれの項目も90％前後の企業が配置転換の目的として挙げている。

配置に関連して従業員の希望を反映するための制度として，「自己申告制度」（27.7），「希望聴取制度」（15.0），「社内公募制度」（5.6）があげられるが，「いずれの制度もない」（54.9）が過半数を超える。なお，大企業では，「自己申告制度」（64.0）と「社内公募制度」（30.2）は導入済の企業も多く，「いずれ

図表2－4　配置転換の実施状況

（単位：％）

正規従業員規模	回答数	定期的に行う	定期的ではないが，行う	めったに行わない	全く行わない	無回答
計	5,792	15.5	52.9	25.4	4.1	2.0
100人未満	3,675	9.8	50.8	31.5	5.7	2.1
100～300人未満	1,568	22.1	59.4	15.9	1.1	1.5
300～1,000人未満	316	38.9	50.0	9.5	0.0	1.6
1,000人以上	89	59.6	37.1	2.2	0.0	1.1

出所：労働政策研究・研修機構（2014）。

図表2－5　配置転換の目的

(単位：%)

正規従業員規模	回答数	従業員の人材育成	従業員のモチベーション維持・向上	従業員の処遇・適材適所	事業活動の変化への対応	異動による組織活性化	雇用調整	その他	無回答
計	3,945	66.7	47.3	76.7	55.0	62.5	17.8	1.3	1.1
100人未満	2,227	62.3	43.6	73.7	50.5	56.3	17.7	1.4	1.3
100～300人未満	1,278	70.0	49.5	80.4	60.3	67.4	17.8	1.0	0.5
300～1,000人未満	281	80.4	61.2	83.6	65.1	80.1	18.9	0.4	1.1
1,000人以上	86	90.7	70.9	86.0	70.9	86.0	24.4	2.3	0.0
＜配置転換の実施状況＞									
定期的に行う	899	83.2	65.2	84.3	57.5	83.0	18.9	1.6	0.0
定期的ではないが，行う	3,066	61.8	42.0	74.5	54.3	56.5	17.5	1.2	1.4

出所：労働政策研究・研修機構（2014）。

の制度もない」（16.3）は少ない。これら制度は，一定規模の企業でなければ導入・運用は難しい，あるいはそのような企業であるがゆえに必要であるということができる。「自己申告制度」および「社内公募制度」については後述する。

(2)　転　　勤

　配置転換を実施している企業に対して，転居をともなう配置転換（以下，転勤）はどの程度あるかを尋ねた結果，「正規従業員のほとんどが転勤の可能性がある」（22.7），「明示的な制度はないが，正規従業員でも転勤をする者の範囲は限られている」（18.6）という結果であった。大企業では，あわせて85％となる。

　さらに，転勤の可能性のある企業に対して，「転勤についてのルールの規定の形式」を尋ねた設問では，「就業規則」（70.4）が最も高く，「慣行であり特に文書の規程等はない」（19.3），「労働協約」（8.2）と続く。

　同機構は，労働契約法成立前の2004年にも同様の調査を実施していることから，2013年の調査結果との比較も行っている。「転勤の対象者選定に当たって考慮する事項」に関する2004年と2013年の結果は，**図表2－6**のとおりである。

図表2－6　転勤の対象者選定に当たって考慮する事項

(単位：%)

調査	本人の健康状態	親等の介護	単身赴任となること	子どもの教育	配偶者の勤務	自宅の購入	その他
2004年	73.7	59.7	50.6	52.9	31.4	21.0	11.4
2013年	72.3	66.3	54.8	50.1	39.0	27.3	6.4

出所：労働政策研究・研修機構（2014）

図表2－7　ここ5年間における転勤をめぐる個別労働関係紛争

(単位：%)

調査	個別労働関係紛争の有無										
	なし	あり	解決方法（複数回答）								
			本人との話合いで解決	労働組合との話合いを通じて解決	社内の苦情処理機関で解決	外部の苦情処理機関で解決	労働審判制で解決	裁判で解決	その他	解決できていない	無回答
2004年	92.9	4.2	88.3	7.1	0.0	0.0	－	0.0	0.6	19.7	0.0
2013年	93.8	4.6	89.2	11.7	1.8	0.9	0.9	3.6	2.7	2.7	0.0

出所：労働政策研究・研修機構（2014）。

「本人の健康状態」「親等の介護」「単身赴任となること」「子どもの教育」の順に多い。

2004年，2013年の各調査時点において「ここ5年間において，転勤をめぐって個別の従業員との間で紛争が起こったことがあったか」については，個別労働関係紛争が「あった」とする割合は4％前後と低いが，「本人との話し合いで解決」が9割弱で最も高いなど企業内で解決する傾向がある（**図表2－7**）。

(3)　出　　向

出向の実施状況に関しては，何らかの形で出向が発生している企業は約50％であった（**図表2－8**）。出向先企業の位置づけは，「その他のグループ企業または系列企業」が6割を占める。

出向者を送り出している企業（「他社に出向を出す側である」「両方あるが，

図表2-8　出向の実施状況

（単位：%）

調査	他社に出向を出す側である	両方あるが，送り出しの方が多い	両方あるが，受け入れの方が多い	他社から出向を受け入れる側である	出向とはほとんど関係ない	無回答
2004年	11.2	10.6	10.4	16.6	49.4	1.8
2013年	9.7	11.7	13.5	12.4	49.8	2.9

出所：労働政策研究・研修機構（2014）

図表2-9　出向の相手先企業の種類

（単位：%）

調査	従業員の採用を一括して行っているグループ企業	その他のグループ企業または系列企業	取引先	グループ外・系列外企業	その他	無回答
2004年	15.3	61.4	15.4	1.5	5.9	0.5
2013年	17.9	62.4	11.2	3.5	4.5	0.5

出所：労働政策研究・研修機構（2014）

図表2-10　出向の目的（複数回答）

（単位：%）

調査	本人の経営管理能力の向上	出向先の経営・技術指導	分社化に伴う経営・技術移転	具体的な経営・技術上の問題解決	企業グループの結束力の強化	グループ企業の人材不足の補充	ポスト不足への対応	定年後の雇用機会の確保	雇用調整のため	その他
2004年	22.3	44.4	14.6	23.5	33.0	68.7	17.5	8.9	10.2	5.9
2013年	25.8	42.1	7.8	23.5	32.2	62.6	14.7	10.2	11.5	7.4

＊出向にかかわっている企業を対象とした設問。無回答を除く。
出所：労働政策研究・研修機構（2014）

送り出しの方が多い」「両方あるが，受け入れの方が多い」と回答した企業）に出向の目的を尋ねた結果は，「グループ企業の人材不足の補充」「出向先の経営・技術指導」「企業グループの結束力の強化」の順であった（**図表2-9，2-10**）。

図表2－11　出向に関するルール・規定（複数回答）

(単位：%)

調査	就業規則	労働協約	労使協定	その他の社内規程	特に文書の規程はない
2004年	59.3	12.5	7.3	20.1	28.4
2013年	64.1	9.1	4.7	19.7	22.0

＊出向者を送り出している企業を対象とした設問。無回答を除く。
出所：労働政策研究・研修機構（2014）

　また，出向に関するルール規定として「就業規則」「その他の社内規程」「労働協約」「労使協定」があげられ，「特に文書の規程はない」の割合は低下している。また，どのような事項が定められているのかについては，「必要な場合出向させる旨」（81.3／84.2），「出向中の労働条件」（48.1／46.0），「出向期間」（36.1／33.1），「復帰に関する取扱い」（31.4／28.8）があげられた（**図表2－11**）。

3.2　配転命令の有効性

　前述したように，転勤を含む配置転換は，労働契約上の職務内容・勤務地の決定権限（配転命令権）に基づき行われ，就業規則等に規定があり，勤務地を限定する旨の合意がない場合には，企業が労働者の同意なしに勤務地の変更をともなう配置転換を命じることが広く認められている。しかしながら，配転命令権の有効性に関する判例のリーディングケースである「東亜ペイント事件」において，①業務上の必要性がない場合，②不当な動機・目的によるものである場合，③従業員に対して通常甘受すべき程度を著しく超える不利益を負わせるものである場合には，権利の濫用によって配転命令は無効となるという判断が示された。

　それにもかかわらず，配転命令の直前に退職勧奨が実施されていたこと（フジシール事件／大阪地裁H12.8.28等），企業の問題行動を従業員が内部通報を行ったこと（朝日火災海上保険事件／東京地裁H4.6.23等），労働組合活動を行ったこと（オリンパス事件／東京高裁 H23.8.31等），本人の病気等の事情（ミロク情報サービス事件／京都地裁H12.4.18等）や育児・介護に支障を生じたこと（ネスレ日本事件／大阪高裁 H18.4.14等）等によって配転命令の有効性が問われる

ケースも出ている。さらに，配転命令拒否を理由とする普通解雇や懲戒処分の有効性や，配転にともなう賃金減額の有効性についても課題となっている。なお，労働者の育児・介護等の諸事情に対する配慮の状況等を考慮する判例も見られる。

　転勤を含む配置転換に関連する労働関係法令には，育児・介護休業法，男女雇用機会均等法，労働契約法，コース等別雇用管理等がある。

3.3　従業員の意向に沿った制度

　近年では，企業主導型の配置・異動から，従業員の希望と企業のニーズとを調整する配置・異動管理への変化も見られる。その背景には，自己成長・自己実現を求め，自身のキャリアを自己管理・自己決定したい従業員の増加と，そのような従業員の意向を尊重しモチベーションやパフォーマンスを向上させようとする企業の思惑がある。そのような従業員の意向に応える制度として，自己申告制度や社内公募制度，社内FA制度，社内ベンチャー制度等がある（岩出，2016：今野・佐藤，2002）。

　自己申告制度とは，従業員が職務や自分自身の今後のキャリアに関する希望を企業に申し出る仕組みである。自己申告の方法は企業によって異なるが，上司との面談時に自己申告書（データ）を提出したり，人事部門に直接申告したりといった形で行われることが多い。自己申告書をもとに，上司・本人・人事部門で人事情報として共有し，異動時に活用する。自己申告制度の導入目的は，第1に，従業員の希望を活かした配置・異動を行うことにより従業員のモチベーションやパフォーマンスを向上させることにある。第2に，自己申告書を記入することにより，従業員自身がキャリアの棚卸と今後のキャリアプランニングを考えるきっかけとすることである。第3に，自己申告を契機に上司と面談する機会を持てることである。課題としては，上司経由で申告する際は本音を出しにくいこと，本人の希望に合致する職務・職場を企業が用意することが容易ではないことがあげられる。

　社内公募制度とは，新規プロジェクトや特定の事業部門が人員の充足・拡充を行う際に，担当する職務内容を明示し，その職務に従事したい人材を企業内で募集するものである。社内公募制度の導入目的は，第1に，企業内にいる人

材を発掘することにある。従業員数が多くなるほど，従業員情報を人事部門が把握することが困難となる。これまで見逃していた従業員，隠れた従業員を適正配置するための仕組みとなりうる。第2に，従業員に選択機会を付与することによってモチベーションを高める目的がある。自ら応募する従業員の意欲は高いことから，人材活性化にもつながる。第3に，人材の流動化による組織活性化である。第4に，自発的な能力開発を促進することである。

　ここまでみてきたように，日本企業の配置・異動管理は，他国とは異なる特徴をもつ。雇用の安定を前提とした制度・運用が中心であったが，今日，その前提自体が変化してきている。外部労働市場型ないしはジョブ型雇用へのダイナミックなシフトは想像しにくいが，双方向のグローバル化が進展する中で，自社にマッチした，ないしは自社を変革してくれる人材を確保すること，そのような人材を適正配置し十分に活躍してもらうことが，より重要になるものと思われる。

第 3 章
従業員の離職と退職の管理

1　従業員の離職と退職とは

　従業員の離職や退職とは，当該企業との雇用関係を解消し，その企業を離れていくことを意味している。これまで日本では，終身雇用慣行と定年退職制度が一般化しており，従業員は定年年齢に達すると自動的に退職していき，手続き上特に退職管理として特別の施策を講じる必要性はなかったといえる。しかし今日，少子高齢社会の進展，事業の統廃合など経営合理化の推進，さらなる雇用の流動化や雇用形態の多様化などを背景に，従業員の離職・退職管理上に新たな課題が浮かび上がっている。

　雇い主としての会社と雇われる側の労働者との間で労働契約（雇用契約ともいう）が結ばれることで雇用関係が成立するのに対し，この労働契約の解約ないし解除によって雇用関係が解消し，労働者はその職を退き会社を去ることになる。この労働者が職を退き会社を去ることを広い意味で「退職」というが，その他に「離職」といった表現をする場合もある。ただ離職という語には，転職や再就職を視野に入れた用語といった感がある。新卒新入社員の離職の増加，ハローワークへの離職票の提出，離職者への再就職先のあっせんなどの言い回しがあるように，雇用の流動化との絡みで労働者の退職に言及する際に使われているようである。

　広い意味で退職には，労働者がその退職に至る契機から，次のような 3 つのケースがある。

(1)　前もって決定されている事由による退職

　退職となる場合の事由を労使間であらかじめ定めておき，その事由が到来することにより自動的に退職とされる場合である。就業規則に明記されている一定の年齢に達した場合に雇用が終了する定年退職や非正規雇用における有期労働契約の期間満了による退職などが代表的なものである。

　定年退職の場合，定年退職日の設定に関し，定年に達した誕生日か，その誕生日を含む年度の終わりまでかの2つのケースがある。年度末退職は一律的に事務処理ができて便利だが，退職者の処遇上の公平性を確保する上では誕生日退職の方が勝っているために，誕生日をもって退職日とする企業が多い。

(2)　労働者側の申し出による退職

　労働者側の都合により労働者側からの退職願，退職届あるいは辞表の提出といった申し出により雇用を終了する「自己都合退職」とされるものである。労働条件や職場の人間関係などの不満を理由とした転職，キャリアアップをめざす転職，本人の健康問題，結婚・出産・育児，親の介護，配偶者の転勤などが代表的な事由である。しかし退職願等には「一身上の都合」として具体的な退職事由を明記しないケースが多い。

(3)　会社側の申し出による退職

　会社側の原因や理由により会社側から労働契約の解除を申し出るもので，労働者側からの退職届などの提出は必要とせず，広く解雇といわれるものである。その代表的なものは，リストラや経営悪化により一定数の人員削減を行う雇用調整としての整理解雇である。また労働者の病気による勤務不能・勤務成績の不良・著しい勤務怠慢など就業規則に照らして行われる普通解雇，労働者の重大な規律違反に対し就業規則に則り労働者を制裁する目的で行う懲戒解雇といった解雇もある。さらに雇用調整のために，会社が提案する希望退職や退職勧奨に応じる形での退職もある。懲戒解雇を除き，これらの形の退職は「会社都合退職」と説明される。

　このような3つの退職の形の中で，退職の実態として留意しなければならな

いのは自己都合退職である。「一身上の都合」を理由とする退職願や退職届の
提出に基づき，労働者の自発的な意思による退職という形をとってはいるもの
の，実態的には「勤め続けたいが，辞めざるをえない」といった形の退職も多
いことである。育児や介護と仕事の両立が精神的・肉体的に限界に達したとか，
職場に「まともに仕事ができないなら辞めてほしい」といった雰囲気があった
とかの理由で，泣く泣く退職していくケースが典型的なものである。また，雇
用調整時の希望退職や勧奨退職の場合でも，会社都合であれば退職願などの提
出は必要ないが，その後の紛争を避けるために労働者から退職願を提出させ，
自己都合退職として取り繕う企業もあるという。

2　揺れる定年退職制度

2.1　年金改革と継続雇用要請

　戦後日本では，終身雇用慣行の下，退職時の高額な退職金支給とセットと
なった55歳定年退職制度が広く普及していたが，1980年代半ば以降，60歳定年
制への移行が生じ，今日では「60歳定年を基礎とする65歳程度までの継続雇
用」といった高年齢者雇用モデルが一般化している。こうした変化は，本格的
な高齢化社会の到来を見据えた公的年金制度改革に呼応する形で進められた高
年齢者雇用対策の推進によってもたらされた。**図表3-1**は，公的年金制度の
代表といえる厚生年金の支給開始年齢の引き上げに関する沿革と，年金支給と
雇用の空白期間を回避するための高年齢者雇用安定法の制定・改正の対応関係
を示したものである。

　これらの改革の中で「60歳定年を基礎とする65歳程度までの継続雇用」を説
明する上で必要なのが，65歳までの安定した雇用を確保するために，①定年の
引き上げ，②定年制の廃止，③継続雇用制度の導入，のいずれかを講じなけれ
ばならないとする2004年の「高年齢者雇用確保措置」の義務化である。その実
施状況を見ると，65歳以上の定年制や定年なしの措置を導入する企業も着実に
増えてはいるものの，60歳定年を維持しつつ新たに継続雇用制度の導入を行う
企業が圧倒的多数を占めている。

図表 3 - 1　厚生年金支給開始年齢の引き上げと高年齢者雇用安定法

厚生年金保険法		高年齢者雇用安定法	
1985 改正	・男性の支給開始年齢を60歳から65歳へ引き上げ決定 ・女性の支給開始年齢を2000年までに60歳へ引き上げ	1986 制定	・60歳定年の努力義務化
		1990 改正	・60歳以上65歳までの再雇用措置の努力義務
1994 改正	・老齢厚生年金の定額部分について,2001年から2013年にかけて 3 年間に 1 歳ずつ引き上げて65歳支給へ	1994 改正	・60歳定年の義務化
2000 改正	・老齢厚生年金の報酬比例部分について,2013年から2025年にかけて 3 年に 1 歳ずつ引き上げて65歳支給へ	2004 改正	・65歳までの「高年齢者雇用確保措置」の義務化
		2012 改正	・継続雇用制度における対象基準制度の廃止

注：年金支給の改正内容は男性の場合。女性は 5 年遅れで実施される。
出所：筆者作成。

　継続雇用制度には勤務延長制度と再雇用制度の 2 つの形がある。勤務延長制度は定年延長制度ともいわれ, 定年年齢に到達した者を退職させることなく引き続き雇用していく制度である。その対象は, 主として上級管理者や特別に有能な技術者などに限られる。雇用契約の中断がないために, これまでの役職や資格, 賃金などに基本的な変更もなく継続される。一方, 再雇用制度は定年年齢に到達した者をいったん退職させ, その後にあらためて雇用契約を結ぶ制度である。その対象は継続雇用を望む者全般であり, 再雇用後の身分は嘱託とか準社員になり, 役職も賃金もダウンするのが普通である。このため一般的には賃金・社員資格・雇用形態を柔軟に変更でき, 人件費の抑制が可能な再雇用制度の導入が圧倒的に高い導入率を示すが, 企業によっては両制度を併設し人選上の使い分けを行っている。

　なお2004年の改正では, 継続雇用における再雇用の対象者を選抜することが可能だった。だが, 2013年には老齢厚生年金の定額部分の65歳支給が完成し, かつ報酬比例部分の段階的引き上げが始まり, このままでは労働者の中に年金支給の空白期間が生じる者も出てきてしまう。そこで2012年に継続雇用制度における対象基準制度が廃止され, 今日では希望者全員が働ける再雇用制度に

なっている。

　以上，少子高齢社会の進展を背景に，公的年金改革の動きに呼応する形で高齢者雇用の労働行政が進められ，その結果，昨今60歳定年が広く普及したといえる。しかし現実には60歳を超え，少なくとも65歳までの継続雇用が義務化されている今日，60歳定年は通過点に過ぎないといえる。

　また，少子高齢化のさらなる進展や社会保障関連財政のさらなる逼迫を背景に，「70歳定年制」や「年金支給年齢70歳以上への引き上げ」が現実味をもって取り沙汰されている。2013年における男性の健康寿命は71.19歳，女性の健康寿命は74.21歳となっている。『日本経済新聞』（2016年12月20日）によれば，内閣府が「高齢者の定義」を現在の「65歳以上」から「70歳以上」に引き上げることなどを提案する報告書をまとめており，経済産業省なども「雇用者の雇用環境を整えた上での年金支給開始年齢の引き上げ」を検討する資料を作成しているという。

2.2　雇用の流動化と早期退職制度

　これまでの日本企業では，年功序列慣行の下，基本的に年齢が高い，ないしは勤続年数が長い者がより高いポストにつき，より高額の賃金を得ていた。定年退職慣行は，そうした状態を自動的に終了させることで，人の入れ替わりによる組織の活性化や際限ない人件費の膨張を抑える機能を果たしてきた。

　同時に今日では，企業環境の急速な変化や経済のグローバル化，企業競争のさらなる激化などを背景にして人事諸制度の改正を進めている。賃金体系の能力・成果主義化，退職一時金制度の見直し，人事制度の能力・成果主義的運用といったものであり，組織人事の活性化や人件費抑制をねらいとしている。

　そうした人事諸制度の改革の中に，いわゆる中高年者対策の一環として，一律的な定年退職制度を弾力化し，実質的に退職年齢を引き下げる方策を導入する動きがある。早期退職制度ないし選択定年制度といわれるもので，定年年齢が55歳から60歳に引き上げられたことを直接的な契機として1980年代後半以降に拡がりを見せ始めた。導入のねらいは，特に管理職者層の肥大化と従業員の高齢化をいかに打開するかということにあり，雇用調整的な役割を担っていたといえる。また，1990年代のバブル経済崩壊後のリストラの過程で早期退職優

図表３－２　企業規模別早期退職優遇制度の導入状況

(単位：％)

項目 ＼ 企業規模		規模計	1,000人以上	500人以上1,000人未満	100人以上500人未満	50人以上100人未満	
早期退職優遇制度がある		11.6 (100.0)	43.9 (100.0)	26.4 (100.0)	10.7 (100.0)	5.2 (100.0)	
適用条件	年齢	(94.5)	(94.7)	(97.0)	(92.0)	(100.0)	複数回答
	勤続年数	(52.3)	(60.7)	(58.6)	(51.5)	(37.6)	
	役職（資格）	(6.5)	(11.2)	(6.7)	(5.6)	(3.4)	
	その他	(6.8)	(11.3)	(4.4)	(7.5)	(0.6)	
	不明	(0.5)	－	(1.1)	(0.6)	－	
早期退職優遇制度がない		87.3	55.6	72.5	88.4	93.4	
不明		1.1	0.5	1.1	0.9	1.5	

注：1　退職一時金制度を有する企業28,274社について集計した。
　　2　（　）内は早期退職優遇制度を有する企業を100とした場合の割合を示す。
出所：人事院（2011）。

遇として希望退職者募集が行われ，一躍「早期退職優遇制度」としてその名が世間にひろがった。

　ここでいう早期退職（優遇）制度とは，雇用調整時に希望退職者募集のために臨時的に導入されるものではなく，従業員の流動化による組織活性化をねらいとして恒常的に設置されている人事制度のことである。**図表３－２**は，そうした早期退職優遇制度の企業での導入状況を見たものである。全体的な導入率は低いが，企業規模別に見ると，企業規模が大きくなるほど導入率が高くなり，特に大企業での高い導入率が印象的である。また，適用条件として年齢が企業規模を問わず圧倒的に高いことからも，中高年者をターゲットとして肥大化した組織をスリム化したいとする企業側の意図を汲み取れる。

　現在では，雇用調整的な役割に加え，定年が視野に入ってきた従業員に対して第２の人生設計を実現させる機会を提供するものとして，転身援助的な役割をこの制度に与えている。そのため，中高年者の雇用流動化を促すことで組織の活性化を実現しようとする場合，早期退職優遇制度を基礎としながらも，その他にいくつかの選択肢を準備して，その転身を容易にする制度的整備が進め

られている。企業によってその呼び名は異なるが，一般的には「進路選択制度」といわれている。

　この進路選択制度は，中高年者を対象にして一定の年齢（45歳台後半〜50歳台前半が一般的）に達した以降，第2のキャリアを自らの意思で選択させる制度ということができ，主として次のような5つの内容で構成されている。

①　早期退職優遇制度（選択定年制度）

　　退職金支給率の増加，一定額の加算，支給時点での定年扱いなど，退職金支給の優遇措置を行うことで退職を促す。

②　転職支援制度

　　転職先のあっせん，各種資格・専門技術取得のための受講費用の援助や有給休暇（転身援助休暇）を与える。

③　関連会社への出向・転籍

　　本社定年年齢よりも数年間，定年が延長されるという交換条件で関連会社へ出向し，最終的に本社を退職して関連会社に籍を移す。

④　独立援助制度

　　独立して事業を起こす場合，資本金を援助したり，その費用やノウハウなどを提供する。

⑤　職種転換制度

　　いったん退職させ，あらためて専門職や特別職として嘱託・契約社員といった身分で再雇用していく。

　企業側のこうした制度導入の公式的な説明は，従業員の価値観の多様化を背景にして，「新たな人生」（セカンド・キャリア）を選択したい従業員にはその機会を提供するということである。しかし反面，このメッセージは「去る者は追わず」といった従業員定着努力の意識的な放棄を意味しており，一律的・画一的な定年退職制度の弾力的運用への方針転換となる。**図表3−3**は，ある大手冷凍機器メーカーの進路選択制度の事例である。キャリア開発プログラムの一環として位置づけられ，45〜55歳に達する管理職者を含む従業員を対象にしており，コース選択は本人自身の判断によるものとしている。

　現在の企業では，コスト重視の減量経営志向が定着しており，進路選択制度

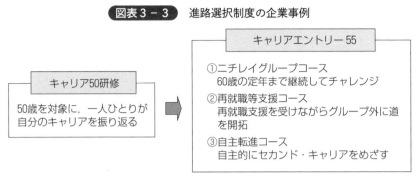

図表 3 - 3　進路選択制度の企業事例

出所：ライフワークス「キャリア開発・研修事例」。

が従業員の個人的な期待を充足する「個人尊重の制度」といった評価がある一面，従業員の自発的な意思による退職とはいうものの，なお穏便な雇用調整手段として色彩を色濃く残している。

3　雇用調整

　産業構造の変化による不採算部門の統廃合や景気の循環的な変動による業務量の減少などによって，企業が余剰雇用者数を削減する措置を一般的に雇用調整という。労働者との労働契約の終了を扱うという意味で退職管理の領域に含まれるものである。

3.1　日本型雇用調整の実際

　通常日本企業は，企業業績が財務上，2期連続赤字になると，雇用調整に入るといわれている。その際雇用調整は，正規従業員の雇用については長期継続雇用が前提となっているために，できるかぎり雇用を維持するといった立場から，段階的に様々な手段が打たれ，人員整理としての解雇は最終的な手段とする「日本型雇用調整」が一般的である。**図表 3 - 4**は，日本企業の雇用調整施策の全体像を示している。

　その主たる施策は次のようなものである。

図表 3 - 4 日本型雇用調整施策の全体像

雇用調整	労働時間の調整	残業		残業規制
		正規労働時間		一時帰休，休日増加
	労働者数の調整	外部	中途採用者	欠員不補充，中途採用削減
			新規学卒者	新卒者採用の削減・中止
		内部	非正社員	パートの再契約中止・削減
			正社員	希望退職募集（誘導），指名解雇（強制）
	労働者配置の調整	企業内	一時的	応援
			恒久的	配置転換
		企業外	一時的	出向，派遣
			恒久的	転籍

出所：通商産業省（1981）を参照のもと簡略化し筆者作成。

① 残業規制

　厳密にいえば，この手段は雇用調整とはいえない。しかし日本では，残業労働で通常の生産活動を維持することが常態化しているために，残業規制は生産活動の減少分を埋め合わす効果的な手段となる。

② 非正規従業員の削減

　パート・季節工など非正規従業員の雇用再契約を停止したり，解雇を行う。この手段が正規従業員の雇用を維持するために非正規従業員が犠牲にされることで，景気の調整弁にされていると批判される局面でもある。

③ 新規・中途採用の中止

　自発的退職者や定年退職者の補充を行わず，新規採用や中途採用を中止することで雇用者数の自然減少を図かる。この段階までは正規従業員への直接的な影響はない。

④ 配置転換・出向・一時帰休

　社内の他部門への応援・配置転換や関連企業への出向を通じて過剰人員の解消を図る。また製造業では，生産調整のために一時的に操業を中止して人件費の抑制を図る。これが一時帰休制（自宅待機）であり，従業員には帰休期間中の休業手当が支払われる。

⑤　希望退職者募集

　さらに調整が必要になった場合，初めて正規従業員の削減が行われる。退職に応じた者には退職金の割り増しなどの優遇策が示され，募集人数ととに期限を決めて実施される。会社側の提案に対し，応募するかどうかは従業員本人の自発的な意思による。

⑥　退職勧奨・指名解雇

　希望退職者募集において募集目標に達しない場合，具体的に解雇する人選が行われ，退職金の割り増しや転職先のあっせんなどの条件を示し，その対象者に退職への説得交渉が始まる。退職勧奨の手続きであり，世間的には「肩たたき」といわれるものである。しかしこの説得が不調に終わると，本人の意思にかかわらず，整理解雇の対象とされていく。

　このように日本企業における雇用調整の特徴は，労働時間・労働者配置・労働者数といった3方向から総合的な対策がとられ，できるかぎり正規従業員の解雇を避ける行動になっていることである。

　しかし最近は，新たな変化も出ている。2008年秋に始まった世界同時の金融危機（リーマンショック）をきっかけとして，あらためて「ワークシェアリング」への関心が高まった。企業の業績悪化時に，従業員1人当たりの労働時間を減らして雇用を維持する「緊急避難型」が日本では主流だが，これは時短や休日増といった労働時間の調整による雇用調整と同列にある。しかしこの措置も業績悪化が際限なく進んでいくと限界が出てくる。労働時間のさらなる削減から従業員1人当たりの賃金が生活を維持することが困難になるほど大幅に下がってしまうからである。そのため最近では，従業員に収入の減少を埋め合わせる「副業」を認める企業が増えてきている。

　また，近年における雇用調整の新たな動きとして目につくものに，特に技術革新と企業競争が激しいエレクトロニクス業界等における企業業績が好調な時期に行われる「攻めのリストラ」である。これは，1990年代アメリカの好調な経済を支えた経験則を踏まえたものであり，また企業財務が健全なときにむしろ積極的に不採算部門の統廃合を行っていく方が，より好条件の希望退職者募集の提示も行え，円滑な雇用調整が可能であるとの思惑に基づくものでもある。

こうした意味で「雇用調整は企業が業績不振に陥ったときに行われる」という常識が崩れ始めており，従業員として失業リスクが大きくなっていることを認識しておく必要がある。

3.2　日本型雇用調整の限界

　整理解雇の問題は労働組合との協議事項になっているとはいえ，退職勧奨・指名解雇における人選が実質的に会社側の一方的な決定に委ねられている。「身軽な者から」「人事評価の劣る者から」「扶養家族の多い者は外す」などの目安もないことはないが，総じて人選基準が不明確なために最も効果的にコスト削減が実現できる人件費の高い中高年者が解雇対象にされているのが実態である。

　退職勧奨はあくまで勧奨を受けた労働者の自発的な受け入れが必須の条件であるが，実際は退職を渋る者に対する違法まがいの「追い出し部屋」（通称「リストラ部屋」）がある。これは，低迷する事業部にいたり，業績が良くない社員（low performer），希望退職への応募を断ったり退職勧奨に応じなかった社員を，たとえば「人材開発室」「人材開発センター」といった名称の新たに設置した部署に配属させ，そこで「単純労働をさせる」「社内の他の部署への就職活動をさせる」「評価や給料を下げる」など，対象者を精神的・肉体的に追い込み続け，最終的に退職願を提出させ，自主退職に至らせる過程を踏むものである。2008年のリーマン・ショック後の不況の中で，名だたる大企業でも行われてきたものである。その背景には，経営難を理由とする社員の解雇が過去の裁判例できびしく制限されているためである。それは「整理解雇の4要件」といわれるもので，①経営上，人員削減が本当に必要か，②解雇回避の努力をつくしたか，③解雇対象者の人選は妥当か，④労働組合等と誠実な協議や説明を行ったか，というもので，これらの4要件を総合的に判断し解雇の有効性や解雇権の濫用が判断される。しかし実際的には，4要件のすべてを満たす解雇は難しく，解雇をめぐる裁判では不当解雇とされる判決も多くある。それゆえ該当する労働者に対し，会社側としては会社都合による整理解雇ではなく，あくまで退職願等の提出による自己都合，自主的な退職の形にもっていきたいとする思惑がある。

　こうした追い出し部屋の拡がりは，いわば「日本型の雇用調整」の限界を示している。それゆえ理不尽な退職強要といった疑いを避けるためには解雇規制をゆるめ，社内失業者を辞めやすくすべきだとし，政府は今，「解雇の金銭解決制度」の導入を検討している。これは，企業が一方的に従業員を解雇した際，裁判で不当解雇とされた場合，企業がその当事者に解決金を支払えば退職させられる制度である。実際のところ現状でも，裁判で不当解雇とされたとしても従業員は会社へ復帰せず，和解金の支払いで決着を見ている場合が数多くあるために，これを法制度上でルール化しようとするものである。しかし検討は始まったばかりであり，金銭解決を申し立てる権利を従業員と企業のどちらに認めるのか，また解決金の額はどれくらいが適当かなど，基本的なルールづくりもこれからの課題になっている。

4　非自発的離職の防止：限定正社員制度

　現状，妊娠や出産を契機に退職していく女性社員は毎年60％を超えている。これらの「自主的退職」をする女性の中には，「仕事を続けたかったが，仕事と育児の両立の難しさで辞めた」という者が多くいる[1]。また，介護や看護で仕事を辞める従業員は年間10万人を超えており，現状は女性が8割近くを占めているが，同時に経験豊かな働き盛りの40〜50代の男性幹部社員や管理職者の退職も目立ち始めている。40代以上で今後5年に介護を担う可能性があるとする者が8割を超える中で，介護と両立した就業継続の可能性について3人に1人が「続けられないと思う」と回答している[2]。

　こうした育児離職や介護離職は，形式的には自発的退職だが，勤務時間が合わない，労働時間が長いなどを大きな理由として「働き続けられない」という実態的には非自発的退職といえるものである。**図表3−5**に示すように，育児・介護休業法による両立のための諸制度の充実が図られているとはいえ，実

1　三菱UFJリサーチ＆コンサルティング（2008）によれば，両立が難しかった具体的理由として，「勤務時間が合いそうもなかった」（65.4％），「職場に両立を支援する雰囲気がなかった」（49.5％），「自分の体力がもたなそうだった」（45.7％），「育児休業を取れそうもなかった」（25.0％）とある。

2　三菱UFJリサーチ＆コンサルティング（2013）

図表3-5　介護と仕事の両立のための諸制度

制　　度	概　　　　　要
介護休業	要介護状態の対象家族１人につき，要介護状態に至るごとに１回，通算して93日まで介護のため休業できる
短時間勤務等の措置	事業主は，①短時間勤務制度，②フレックスタイム制度，③時差出勤制度，④介護サービスの費用の助成，のいずれかの措置を講じなければならない
介護休暇	対象家族が１名であれば年５日まで，２人以上であれば年10日まで，要介護状態にある対象家族の介護その他の世話のために休業できる
法定時間外労働の制限	１ヶ月に24時間，１年に150時間を超える時間外労働の免除
深夜労働の制限	深夜業（午後10時から午前５時までの労働）の免除
転勤に対する配慮	就業場所の変更をともなう配置の変更を行う場合，その就業場所の変更によって介護が困難になる労働者がいるときは，その労働者の介護の状況に配慮しなければならない
不利益取扱いの禁止	介護休業などの申し出や取得を理由とした解雇などの不利益取扱いの禁止

出所：厚生労働省（2013）より筆者作成。

　際には厳しい現実がある。こうした中で，１つの解決策として限定正社員制度に関心が高まっている。

　限定正社員は，昨今の正規雇用者と非正規雇用者の働き方の二極化を打開するために，職種や勤務地など働き方に限定はあるが，期間の定めのない労働契約を結ぶ「多様な正社員」（ジョブ型正社員）といった概念を厚生労働省・雇用政策委員会が提言したことを契機に注目されるようになった。非正規社員から限定正社員への登用が非正規社員の処遇改善と雇用の安定に資することから，当初は非正規労働者の処遇改善策の１つとされたが，同時に転勤や残業がない限定正社員は育児や介護との両立がしやすく，仕事が変わらないので専門性も高めやすいとの理由から，正規社員の育児離職や介護離職の改善策としての役割も強調されるようになる。

　限定正社員をあらためて定義すると，「職種や勤務地・勤務場所，労働時間などを限定し，期間の定めのない労働契約の下で働く正社員」のことである。これを具体化していくと，①特定の職種にだけ就業する「職種限定正社員」，

②特定の事業所，あるいは転居しないで通勤可能な範囲にある事業所だけで就業する「勤務地限定正社員」，③所定の勤務時間だけ就業する「勤務時間限定正社員」，という基本モデルが想定され，実際にはこれらの要素を組み合わせた限定正社員が生まれてくる。たとえば育児や介護のために「転勤できない」「フルタイム働けない」といった者は，「この勤務場所で，週30時間（週5日，1日6時間）勤務する限定正社員」として，勤務地と勤務時間を限定した労働契約を結ぶことになる。このような雇用慣行が浸透していけば，育児・介護中のフルタイム正社員の場合，転勤のない安心感とともに，辞めずに正社員として働き続けられるメリットが生まれる。

　厚生労働省は，こうした限定正社員制度の企業における整備について，①企業が従業員と労働契約を結ぶとき，働く場所や時間，仕事といった条件をはっきりと示す。②正社員と限定正社員を相互に行き来できる仕組みづくりをする。③非正規社員から限定正社員への登用制度を設ける。④限定正社員の賃金は正社員の8～9割とする，といった指針を示すとともに，限定正社員に関わる課題と対応策を**図表3-6**のようにまとめている。

　限定正社員制度には，フルタイム正社員の結婚・育児・介護退職の抑制とキャリアの継続，また非正規社員の正社員登用による雇用の安定と待遇改善という効果がある。しかし同時に，限定正社員は普通の正社員と非正規社員の中間的な位置づけにあるために，仕事の責任面は限定的であり，処遇面では多少の格差がある。また雇用の安定面では，いちおう無期雇用ではあるものの，普

図表3-6　雇用形態をめぐる課題と解決策

	課　題	対　応　策
子育て・介護を抱える正社員	・残業しにくい，引っ越せない	・限定正社員に転換しやすくする
	・限定正社員になるとキャリアが途切れる	・限定正社員から普通の正社員に戻りやすくする
非正規社員	・新卒で非正規になると固定化	・まず限定正社員として登用
企業	・事業閉鎖のときも解雇できない	・閉鎖のときは解雇されうることを労働契約に明記

出所：『日本経済新聞』（2014年7月12日）より筆者作成。

通の正社員と比べると解雇リスクが高いとされている。というのは，会社の経営方針の変更や組織の統廃合などによって，労働契約で定められた仕事や勤務場所がなくなれば，解雇される可能性が高い。労働組合側は，この点を突いて「解雇しやすい正社員」といった批判をしている。しかし，育児中でもキャリアの継続を望むフルタイム女性正社員や介護に関わる管理職者，正社員希望の非正規社員が数多くいるという現状が一方にあり，また他方に，国策として非正規雇用増加傾向を少しでも食い止めることができる可能性があることから，労働者側に多少の難（解雇リスクの高さ）があっても導入を促す価値はあるように思う。

　現状，限定正社員は，製造業と比較して，金融・保険業，不動産，物品リース業，医療，福祉分野といったサービス産業に多い。しかしその取扱いは企業によってバラバラであることや，限定正社員といえどもむやみに正社員を増やしたくないという企業側の事情から，解雇ルールを含め，その法的整備も視野に入れた検討が行われている。

第4章 能力開発管理

1 能力開発の定義と能力概念

1.1 能力開発の定義

　能力開発に関しては，教育訓練，人材育成，人材開発など，様々な呼び方がされており，その意味するところもそれぞれ若干の違いが見られる。そこで，それぞれの言葉の定義をした上で，本書における能力開発の定義を行っていく。まず，教育訓練であるが，教育，訓練にも意味の違いがある。訓練は英語のtrainingを指し，能力や技能を必要な一定の水準にまで引き上げることを意味しており，ここまでやれば終わりといったように，限界が設定されている。それに対し，教育は英語のeducationを指し，人間の能力を引き伸ばすことを意味しており，育成と同様に，限界のないものである。限界があるかないかで教育と訓練はその意味合いが異なるが，両者を統合した教育訓練は，企業等でよく使用されるが，その本質的意味合いは，研修所等どこかの教育施設に一堂に会して教育訓練を施される点から，学習プロセスとしては受動的学習としての色彩が強い。

　一方，能力開発は人間の育成を目的としており，個人の自己啓発や様々な育成方法や育成システムをベースに，体系的，計画的に人材育成をはかっていくもので，能動的学習であると同時に，限界のない点に大きな特徴がある。この点が，実務の世界や企業の教育担当者の間でよく使われる教育訓練との大きな

違いである。

　能力開発とは，本来，組織が戦略を達成するために，あるいは業務を遂行する上で必要な知識や技能（スキル）を獲得させるために実施されるもので，人的資源管理（HRM）分野における重要な一領域である。能力開発の成否が企業の成長や戦略達成を大きく左右するといっても決して過言ではない。まさに，人材格差が企業格差を生む時代といえよう。

　こうした点から，本書では，人材育成に関しては，限界がなく，能動的学習としての色彩が強い「能力開発」という用語を使っていく。

1.2　能力の概念

　とこで，能力開発の対象となる能力とは，一体，どのようなものを意味しているのであろうか。その手がかりを先駆的研究者の知見を通して見ていきたい。まず1つ目は，カッツ（Katz, R.L.）の提唱するマネジャーに求められる能力である[1]。これはマネジメント・スキル（Management Skill）と呼ばれているもので，カッツによれば，**図表4－1**に見られるように，マネジャーには3つの能力が求められる。これらの3つの能力はマネジャーのレベル，すなわち階層に応じて，その能力のウェイトは変化する。まずロワーレベルのマネジャーにおいては，職務遂行能力であるテクニカル・スキル（technical skill）のウェイトが最も高い。これはロワーレベルのマネジャーはその組織のビジネス・スキームやビジネス・ノウハウを修得し，部下やフォロワーにOJTを通じてそれらを率先垂範で教え込んでいくという役割を担っているからである。ミドルレベルのマネジャーにおいては，対人関係能力であるヒューマン・スキル（human skill）ないしはソーシャル・スキル（social skill）のウェイトが最も高い。これはリッカート（Likert, R.）の連結ピンを想定するとわかりやすいが，ミドルレベルのマネジャーには，コミュニケーション・スキルを駆使し，上級者にはフォロワーシップ，下級者にはリーダーシップを発揮し，組織における人間関係やチームワークの円滑化を図っていくことが求められることを意味している。最後のトップレベルでのマネジャーには，概念化能力であるコンセプ

1　詳しくはKatz, R. L.（1955）pp. 33-42を参照のこと。

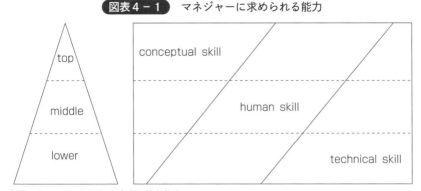

図表4－1　マネジャーに求められる能力

出所：Katz, R.L.（1955）を参考に筆者作成。

チュアル・スキル（conceptual skill）のウェイトが最も高い。これは経営トップや上級管理者には，環境変化や競合の分析などを通じて組織や事業の舵取りをする能力が強く求められることを意味している。コンセプチュアル・スキルの主な内容としては，組織を取り巻く環境や競合状況を俯瞰し，組織の戦略やビジョンを提示し，その達成に向け，組織メンバーのコミットメントを高めていくことがあげられる。

　このように，組織人やマネジャーに求められる能力は，階層と連動しており，階層がロワーレベルからミドルレベル，トップレベルへと移行するにつれて，開発すべき能力も職務やスキルを中心とするものから，対人関係能力やリーダーシップ，さらには総合判断力や戦略策定能力などへとそのウェイトが変化していく。

　もう1つは，アージリス（Argyris, C.）が提唱する2つの能力の概念である[2]。アージリスは，能力をアビリティ（ability）とコンピテンス（competence）の2つに分類し，両者を対比させて理論展開を図っている。アビリティは，われわれの欲求から生まれるもので，いわば欲求を充足する道具である。アージリスによれば，このアビリティは，次のように大きく3つに分類される。

2　大友（1969）93-122頁。

①　認知能力：知性（インテリジェンスなど），知的能力
②　動的能力：手や道具を使って働く
③　意欲的能力：感じる，やる気を出す

　先述したように，アビリティは欲求から発生するものであり，認知能力など
はわれわれの自己啓発により修得が可能な能力といえよう。組織において実際
にアビリティを修得させていくには，教育訓練によって知識やスキルを教え込
むとともに，上司による直接的指導により仕事のやり方を修得せることに主眼
が置かれることとなる。したがって，おのずとこうしたアビリティの修得は，
組織に新たに参入した者やロワーレベルの従業員を対象に展開される。

　それに対してコンピテンスは，自らを維持・成長させ，環境適応力を高める
もので，いわば社会適応能力といえよう。competenceの語源はcompeteで，
そこには競争に勝つという意味が含まれている。組織がゴーイング・コンサー
ンとして生き残っていくためには，常に問題意識を持ち，自らを成長させ，
様々な諸問題を解決していける社会適応力の高い人材を育成していかなければ
ならない。したがって当然，組織における能力開発は，コンピテンスの修得に
重点が置かれていかなければならない。

　アージリスは，コンピテンスを知的・認知的コンピテンスと情動的・意欲的
コンピテンスに区分している[3]。前者は物や考え方を扱い，後者は組織内の人を
扱う。アージリスは，情動的・意欲的コンピテンスとは単なる人間関係能力と
いったものではなく，人間の成長能力に関わるもので，組織内の問題解決の認
知的活動に影響を与えることを指摘している。これらのコンピテンスは，先述
したカッツのヒューマン・スキルやコンセプチュアル・スキルに相通ずるもの
で，能力開発において重視されるべきものである。

3　大友（1969）133-134頁。

2　能力開発の体系とCDP

2.1　能力開発の体系

　能力開発は，**図表4－2**のように，OJTを核に，Off-JT，自己啓発（Self Development：SD）の大きく3つの体系より構築されている。Off-JTは階層別研修と職能別（専門別）研修に分かれる。以下では，3つの能力開発の体系について詳しく解説をする。

⑴　OJT（職場内訓練）

　OJTとは，On the Job Trainingの略で，日常業務を通じて，上司や先輩が職務遂行上必要な知識や技能等を部下や後輩に修得させていくもので，一般的に職場内訓練と呼ばれている。OJTは能力開発の中核になるもので，集合教育と比べてコストもやすく，従業員の個性や能力に応じてきめ細やかな教育ができる点に大きな特徴がある。また，配置転換や新技術導入などの業務上の変化に対し，短期間のうちに業務上のスキルやノウハウなどを伝授できる効果も期待できる。さらに，OJTは後継者の育成にも効果的であると考えられている。

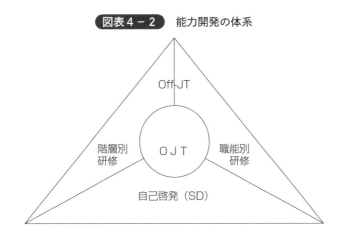

図表4－2　能力開発の体系

　しかしその一方で，教える側の能力，経験や意欲に大きく影響を受け，教育効果に大きな差が生まれてしまう危険性がある。と同時に，教える側の能力，経験の影響を受けるため，体系的，専門的な知識，技能の修得が極めて難しい。このような特徴ををを有したOJTは，その欠点を補う集合教育であるOff-JTと効果的に連動してこそ効果が高まる。

　こうしたOJTの展開には，3つの原則がある。第1原則は"set example"で，その意味するところは上司が部下に対し手本（example）を示すということである。山本五十六が残した言葉である"やって見せ，言って聞かせて，させてみて，誉めてやらねば，人は動かじ"と同じことを意味している。言い換えるならば，OJTの展開には上司による率先垂範が必要不可欠であるということである。第2原則は"job assignment"で，部下の適性を見て，あるいは能力開発の視点から仕事の割り当てを変えることを意味している。人間は同一職務を長くやるとマンネリ化しやすいため，職務の割り当てを変えたり，職務拡大（job enlargement）などの対策が必要となる。つまり，OJTの第2原則は"仕事が人を育てる"ことを実践することであるといえよう。OJTの第3原則は"personal contact"で，上司と部下が1対1で，個人的接触を通じてOJTは展開されることを意味する。すでに，OJTの特徴で触れたように，OJTは部下の特性や能力に応じたきめ細やかな教育ができる点に特徴があり，こうした特徴もpersonal contactでOJTが展開されるからこそ可能となる。このように，OJTには3原則があり，能力開発の骨格となるものである。

(2)　Off-JT（職場外集合訓練）

　Off-JTはOff the Job Trainingの略で，仕事や職場を離れて，研修施設などに一堂に会して集合教育の形で実施されるもので，一般に職場外集合訓練と呼ばれている。Off-JTは，OJTにおける教育効果の差を是正したり，OJTに欠けている体系的，専門的知識の修得を図るべく実施されるもので，OJTと効果的に連動して実施されることが望ましい。そうした観点から，Off-JTの実施は，多くの場合，内部講師に加えて外部講師を招聘する形で実施される。

　このようなOff-JTは，全体的な底上げをめざした階層別研修と，各職能部門に求められる専門的・実務的知識やスキルの修得をめざした職能別（専門別）

研修に区分される。階層別研修は，組織内における階層，たとえばロワー，ミドル，トップといった少なくとも3つの階層ごとに，それぞれの階層に求められる教育ニーズに沿って展開される。多くの組織では，少なくとも新入社員研修，中堅社員研修，管理職研修などが実施されている。教育内容としては，すでに述べたカッツやアージリスの能力の概念をイメージするとわかりやすく，新入社員研修は業務知識の修得，すなわちテクニカル・スキルを中心に，中堅社員研修はリーダーシップ・スキルやコミュニケーション・スキルの修得，すなわちヒューマン・スキルを中心に，管理職は問題解決力や戦略策定力の修得，すなわちコンセプチュアル・スキルを中心に展開される。

　一方，職能別（専門別）研修は営業担当者研修，技術者研修など，各職能部門の専門的知識やスキルの修得をめざして実施されるもので，階層別研修との違いは研修の実施主体が人事部門か各職能部門かといった点にある。

(3)　自己啓発（SD）

　自己啓発は英語でSelf Development（略記：SD，以下SDと表記）と表され，個人の能力開発の意欲を支援する仕組みである。SDで支援する内容としては，通信教育のあっせんや費用の補助，資格取得の奨励，外部セミナーへの派遣，大学院への派遣などがあげられる。最近では，e-learningを活用したSDの援助が大企業を中心に増えつつある。SDに関しては，これまではOJTや階層別研修などの集合教育と比べてあまり関心は高くなかったが，グローバル競争の激化，職務の多様化・高度化などにより求められる能力のレベルや範囲が拡大するにつれ，SDに対する脚光が高まりつつある。

2.2　能力開発とCDP

　詳しくは次節で述べるが，わが国の能力開発は，主にOJTと階層別研修を重視して実施されてきた感がある。つまり，企業の発展を根底から支える管理職やマネジャーの早期育成に能力開発の焦点が当てられてきた。したがって，育成プログラムもMTPやTWIに象徴されるように，汎用的なプログラムが中心とならざるをえなかった。

　能力開発を効果的に展開していくためには，キャリアに対する正しい認識と

長期的かつ系統的な視点に立った能力開発計画が必要である。キャリア形成において大切なことは，組織内におけるキャリアを生涯労働を通じて修得させていくと同時に，個人のキャリアニーズと組織が必要とする人材像とをすり合わせていくことである。そのためには，CDP（Career Development Program）が必要となる。CDPとは，長期的かつ系統的人材育成プログラムで，アメリカのキャリア開発の問題を審議するために設置されたフーバー委員会の勧告にその端を発している。わが国には，1960年代前半に導入されたものの，普及するには多くの時間を要した。

　CDPは，経験すべき道筋（職務）を表した「キャリア・パス」，経験すべき職務や役割の難易度を表した「キャリア・レベル」，育成する人材群に必要となる経験すべき職種分野を表した「キャリア・フィールド」の3つの要素が必要である。こうしたCDPに必要な3つの要素をシャイン（Schein, E.H.）の組織の三次元モデルを援用して詳しく見ていきたい[4]。

　キャリア形成の第1次元は「階層の次元」で，昇進・昇格を通じて組織内の階層を移動することを指している。これはいわば「タテの移動を通したキャリア形成」ともいうべきもので，CDPの構成要素におけるキャリア・レベルに相当する。

　第2次元は「職能の次元」で，営業→製造→人事といった人事異動に見られるように，職種間，職能間の移動を意味している。これはいわば「ヨコの移動を通したキャリア形成」であり，CDPの構成要素におけるキャリア・パスとキャリア・フィールドに相当する。

　キャリア形成の最後の次元は「中心化の次元」で，組織においてより重要な部門への移動を指している。これはラインからスタッフ，スタッフからラインといったように，組織の中枢と外縁（マージナル）間の移動を意味している。このような移動を通じて，組織における重要な意思決定への参画が可能となり，個人を大きく成長させることができる。中心化への移動は，第1次元である階層の次元におけるタテの移動と関連付けて実施されることが多い。

4　Schein, E.H.（1978）。本著23頁図表2−2を参照。

3　わが国の能力開発の特徴[5]

　前節では，能力開発はOJT，Off-JT，SDといった3つの体系から成り立っていることを述べてきたが，わが国の能力開発はいくつかの点で大きな特徴を有している。特徴の1つ目は，個別のキャリア形成に欠けている点である。わが国の能力開発はOJTと階層別研修を中心に展開されており，それを補うものとしてOff-JTがある。したがって，教育は主に職務遂行に必要な知識やスキルの修得が中心とならざるをえず，また階層全体の能力向上が主な目的となる。その結果，個人の職業生活としてのキャリア形成の視点が欠落してしまう。個人の仕事志向の高まりや昇進志向の多様化にともない，能力開発においても個人のキャリア形成の視点が必要となっている。

　特徴の2つ目は，プロフェッショナルや経営者が育ちにくい点である。先述したように，わが国の能力開発は階層別研修に重点を置き，展開されているため，階層全体の底上げを目指すものとなっている。管理者研修を取り上げるならば，MTP（Management Training Program）に見られるように，どうしても部下の育成や仕事の与え方，管理職としての心構えなどに焦点を当てた教育内容となりやすい。その結果，グローバルレベルでのナレッジ競争が激化する中，その育成が喫緊の課題となりつつある高度な専門性を有したプロフェッショナルやグローバル経営を担える次世代リーダーが育ちにくくなっている。

　特徴の3点目は，能力開発が場当たり的に展開されており，経営戦略や人事制度との連動に欠けている点である。OJTや階層別研修を中心とする能力開発は，短期的な視点から職務遂行に必要となる知識やスキル，業務遂行に必要なる管理職の役割や能力の修得に重点が置かれるため，長期的な視点に立った経営戦略や人事制度との連動性に欠けたものとなりやすい。本来，能力開発は戦略達成に必要なる能力を開発するために存在するもので，人事制度と連動しながら長期的かつ系統的に実施されなければならない。

　特徴の4点目は，能力開発が個人のディベロップメントに焦点が当てられて

5　本節の記述は谷内（2002）を参考にしている。

おり，個人の行動環境に配慮が施されていない点である。レビン（Lewin, K.）が提唱するように，組織構成員の行動はB＝f（P, E）と表すことができる[6]。つまり，われわれの行動（Behavior）は個人（Person）と行動環境（Environment）の関数（function）すなわち相互作用によって引き起こされる。能力開発の効果を高めるためには，個人のみならず，その行動環境ともいうべき組織風土に対するアプローチも必要となる。

　能力開発の特徴の最後は，教育の場が組織内に狭く限定されている点である。これまでの能力開発は，終身雇用を前提に，組織固有の技能（firm specific skill）の修得に力点が置かれていた。したがって，おのずと能力開発の場も組織内に限定されていた。しかし，雇用の流動化が本格化しつつある中，また必要とされる高度専門性を有した人材を育成・輩出していくには，組織の枠を越えた幅広い学びの場の設定も必要となってこよう。

4　能力開発をめぐる新たな動き（潮流）

　最後に，上記で述べたような特徴（欠点）を有したわが国の能力開発の改善の方向性について言及したい。今後の能力開発の方向性としては，以下に述べるように大きく5つにまとめることができる[7]。

(1)　アウトサイド・イン型教育からインサイド・アウト型教育への転換

　OJTや階層別研修を中心とする従来の能力開発は，業務に必要な知識やスキルを主に座学での講義や指導を通じて詰め込まれるというアウトサイド・イン型教育という形式がとられていた。このようなアウトサイド・イン型教育は，訓練としての色彩が強く，能動的学習につながらないばかりでなく，学習した内容も応用性や汎用性に乏しいものとなる。能力開発に今，求められているのは，競争優位の源泉を生み出すプロフェッショナルやグローバル経営を牽引できる次世代経営者（リーダー）である。

　このような人材を育成・輩出していくには，従業員の主体的・能動的学習を

6　Lewin, K.（1951）p.38.
7　谷内（2002）69-74頁を参考に記述している。

促すとともに，実践的経験や学習を重視したインサイド・アウト型教育へと教育手法を転換していかなければならない。そのためには，これまでのような座学での講義形式の教育手法から経営課題と直結したケーススタディやシミュレーションを取り入れた，経験学習に基づく知恵を生み出すような教育手法が必要不可欠となる。

　また，同時に，教育の場も組織内に狭く限定することなく，異業種交流への参加や外部企業へのトレイニー派遣，大学院派遣なども必要となってこよう。

(2)　階層別・指名方式の研修から自律・選択型研修への転換

　何度も言及しているように，これまでの能力開発は階層別研修を中心に展開されており，受講者は管理職や主任などに昇進した人が対象者である。つまり，受講者の多くは会社から研修の受講を義務付けられた（指名された）人たちである。このような研修は，内容が画一的で，どうしても標準的な人材の育成に陥ってしまう。

　しかし，企業や組織に求められているのは，こうした同質的な人材ではなく，自ら考え，自律的に行動できる革新・創造型の人材で，特定分野で高度な専門性を発揮し，組織の成長に貢献できるプロフェッショナル人材である。こうした人材を育成・輩出していくには，画一的な階層別研修から脱却し，自己責任，自律性を原則とした選択型研修の導入が必要となる。選択型研修には，対象の限定もなく，受講が本人の意思に任された自律型研修，資格や職位などに応じて受講が義務付けられているが，どの研修を受講するかは本人が選択する必修型選択型研修などがある。このような受講を個人の選択に委ねる自律・選択型研修は，仕事志向やプロフェッショナル志向が高い若年層のキャリア形成ともマッチするもので，その効果がおおいに期待できる。

　ところで，こうした選択型研修の導入・展開にあたっては，2つのサブシステムが必要となる。1つは個人のキャリア形成を支援するキャリア・カウンセリング制度や多様なキャリア選択が可能となる複線型人事制度の導入である。選択型研修には，このような個人のキャリア形成に対する組織サイドの積極的支援なくしてはその実施が危ぶまれる。もう1つは，イントラネットを通じたe-learningシステムである。個人のキャリアプランに合わせて自由に学習でき

るオンデマンドなオンライン研修は選択型研修導入の前提といっても決して過言ではない。

(3)　個人の能力開発から組織開発への転換

すでに，わが国の能力開発の特徴でも述べたように，これまでの能力開発は個人に対する能力の向上に重点が置かれすぎていた。レビンの主張するように，能力開発の効果を高めるには，個人の能力開発に加え，個人の行動環境である組織風土の開発も必要である。組織風土の開発は，行動科学では組織開発（Organization Development：略記OD）と呼ばれている。組織開発の具体的展開方法は，行動環境に対するアプローチと人間に対するアプローチの2つがある。行動環境のアプローチとしては，組織の再設計，新しい報酬・評価制度の導入，職務の再設計，組織風土の改革などがあげられる。一方，人間に対するアプローチとしては，個人の自己洞察力や対人感受性を高めるセンシティビティ・トレーニング（ST）や組織の内部葛藤の識別や調整能力を高めるチーム・ビルディングがあげられる。

(4)　管理者育成から次世代経営者（リーダー）育成への転換

すでに述べたように，これまでの能力開発は階層別研修を中心に，現場のリーダーや中間管理職の育成に重点が置かれ，経営者の育成にはあまり目を向けてこなかった。これからの時代に求められているのは，グローバルな視点で事業を創造し，企業価値を高めることができるような経営者である。このような経営者を本書では「次世代経営者（リーダー）」と呼ぶ。

次世代経営者（リーダー）を育成・輩出していくために，先進的な電機産業や自動車産業では，企業内大学（Corporate University：以下CUと表記）を設置し，早期選抜型の人材育成を実施している。その多くは，欧米のビジネススクールへの派遣を含めた自社版MBAプログラムである。トヨタでは，2002年にグローバルリーダー育成に向けて「トヨタインスティテュート」を設置し，トヨタウェイの共有を通して真のグローバル化を推進しようとしている。プログラムの内容については，トヨタウェイに基づく指導力の向上，経営知識，スキルの強化，グローバル人脈の形成などが盛り込まれており，社外一流の教育

研究者や国内外の一流大学などと連携し，プログラム展開をはかっている。

　ところで，次世代経営者（リーダー）の育成にあたって留意すべき点がある。まず1つ目は組織の経営理念や経営哲学，価値観といったものを次世代経営者（リーダー）に刷り込むということである。次世代リーダーは，単にビジネススクールにおけるMBAプログラムでの教育内容のみでは育てることができない。MBAプログラムでは，経営者に求められる戦略策定能力やアカウンティング，マーケティングなどの専門的知識は修得できるが，次世代リーダーとして必要不可欠な経営者としての哲学や価値観，信念は修得することは難しい。大切なのは，経営トップ自らが「社長塾」などを通じて次世代リーダーに求められる経営哲学や価値観を植え付けていくことである。

　もう1つは，CUでの専門教育とCUで学んだことを実践する場としての経験学習との融合である。グローバルな視野で事業展開を担う次世代リーダーには，CUで学んだことを実践する場として海外子会社での勤務経験や新規事業の立ち上げなど，異質で一皮むけた経験が必要となる。

(5)　企業固有技能からエンプロイアビリティへの転換

　わが国の能力開発は，終身雇用を前提に，企業固有技能（firm specific skill）の修得をはかるべく展開されてきた。企業固有技能は，閉鎖的な内部労働市場（internal labor market）をベースに修得されるため，特殊性が強く，非汎用的なスキルとしての色彩が強い。しかし，最近では，出向・転籍の増加や若年層の仕事志向の高まりや組織観の変化により，雇用の流動化が本格化しつつある。こうした雇用の流動化や労働市場が横断化するのにともない，今後の能力開発のあり方にも変革が必要になる。さらに，組織に求められる人材も，高度専門家やプロフェッショナル人材に対するニーズが極めて高い。

　このような状況を踏まえると，能力開発の方向としては，これまでのような企業固有技能に狭く拘泥することなく，組織の内外の労働市場で通用しうる汎用性の高いエンプロイアビリティ（employability）の修得に力を入れていかなければならない。

　エンプロイアビリティは，仕事志向やプロフェッショナル志向の高い若年層にも，自己の市場価値を高めることにつながり，キャリア形成のあり方として

支持されるものと思われる。

　このようなエンプロイアビリティの修得は，OJTや職能別研修では難しく，次世代リーダーのところでも言及したように，CUの設置・活用が望まれる。しかしその一方で，CUと通じたエンプロイアビリティの修得は，グローバル競争が激化する環境下では，一企業のみでの対応では限界が予想される。今後は，ファッション業界のコンソーシアム型CUであるIFI（Institute For The Fashion Industries）に見られるように，将来の横断的な職能別労働市場の形成を視野に入れ，業界連動型CUを通じてエンプロイアビリティの育成をはかっていくことも必要となってこよう。

　さらに，エンプロイアビリティの修得には，教育の場も企業内に限定することなく，組織を越えたキャリア形成が必要となる。このような組織を越えたキャリア形成は，バウンダリーレス・キャリアと呼ばれており，外部の学びの場としての実践共同体を活用した越境学習を通して形成されるのである。

　なお，エンプロイアビリティの概念は，プロフェッショナル人材の育成やキャリア形成を考える際にも欠かせない。本書第10章にて詳述する。

第5章
作業条件管理

1　作業条件管理とは何か

　私たちは職場に配置されると特定の仕事を割り当てられる。実際にその仕事を行っていくことは，ある一定の「作業条件」のもとで管理されることを意味する。管理しなければならない作業条件は2つある。1つには働く場所（ワークプレイス）の環境であり，管理対象は「作業場環境」となる。もう1つには働き方（ワークスタイル）の環境であり，管理対象は「制度的環境」となる。長時間労働問題の影響もあり，ワークプレイスとワークスタイルの改革に注目が集まっている。

1.1　作業条件管理の意義

　「作業場環境」は，まさに作業や業務を行っている場所に他ならない。そこで影響を及ぼす要因には以下のようなものがある。採光・照明・換気・気積・温度・湿度・騒音・振動・粉じん・臭気・化学物質，および機械設備などがある。このような要因からの影響が示唆するのは，従業員は何らかの労働災害や職業疾病を被る危険性の中で働いている事実である。またこの作業場環境は従業員の業績や勤労意欲（morale）にも大きな影響を及ぼす。

　もう1つの「制度的環境」は職場にどの程度滞在するのか，その物理的な滞在時間によって把握できる。具体的には所定労働時間・休憩時間・休日・残業時間などの就労条件のことである。労働時間の延長には留意が必要である。労

働時間の延長は，①企業側に対して生産の産出量の増大をもたらす。もう一方で，②従業員側には残業代による収入の増大をもたらす。そのため長時間労働は企業と従業員の双方に短期的なメリットを生じさせることになる。ただし，長期的な視点に立った場合に結果的には従業員に対して過重な労働を強いることになり疲労が蓄積し，作業能率の低下，労働災害の増加の問題を引き起こす可能性が大きい。

　1960年代の高度経済成長期以降における日本経済の発展を考えると工場労働を想定した管理を前提としており，そのため作業場環境に関する説明はブルーカラーを対象としたものになる。しかし近年において製造業からサービス業といった産業構造の変化および多様な働き方の推進という就業構造の変化に応じて，オフィスで働くホワイトカラー労働者の生産性向上に注目が集まるようになった。昨今はオフィスにおけるホワイトカラーの作業環境の改善へ関心が高まりつつある。このように議論の中心がブルーカラーからホワイトカラーの作業条件管理へと転換しつつある。

1.2　安全衛生の管理

　作業条件管理は，従業員の労働災害・職業病・過労の発生を防止することで労働力の保全を可能とし，長期的な労働力の活用を実現する役割を担うものである。そのための具体的な管理内容として安全衛生の管理についてみていこう。

⑴　職場の安全衛生

　1960年代以降の産業公害問題の深刻化を背景として1972年に「労働安全衛生法」が制定された。この法律の第１条には「この法律は，労働基準法と相まって，労働災害の防止のための危害防止基準の確立，責任体制の明確化及び自主的活動の促進の措置を講ずる等その防止に関する総合的計画的な対策を推進することにより職場における労働者の安全と健康を確保するとともに，快適な職場環境の形成を促進することを目的とする」とあり，労働安全衛生の管理強化に取り組む方針が示されている。

⑵　労働安全衛生マネジメントシステム

　職場における日常的な労働安全衛生管理は法令遵守を第一とし，問題があった場合に場当たり的対応により処理されることも多くあった。そうした中で受動的な法令遵守だけでは不十分な面が指摘され，自主的かつ能動的な労働安全衛生管理の仕組みとして労働安全衛生マネジメントシステム（OSHMS：Occupational Safety and Health Management System ）の導入が目指された。日本では厚生労働省から「OSHMS指針」が示されており，その指針は国際労働機関（ILO：International Labour Organization）のガイドラインに準拠している。厚生労働省によるとOSHMSは，事業者が従業員の協力の下に「計画（Plan）－実施（Do）－評価（Check）－改善（Act)」というPDCAサイクルを定め，「継続的な安全衛生管理を自主的に進めることにより，労働災害の防止と労働者の健康増進，さらに進んで快適な職場環境を形成し，事業場の安全衛生水準の向上を図ることを目的とした安全衛生管理の仕組み」であると説明する。

　このOSHMSはISOなどと同様に国際標準になりつつあり，国際規格OHSAS18001の認証取得をめざす企業が増えつつある。

2　労働安全管理と労働衛生管理

　労働安全衛生法によれば，労働災害の定義は「労働者の就業に係る建設物，設備，原材料，ガス，蒸気，粉じん等により，又は作業行動その他業務に起因して，労働者が負傷し，疾病にかかり，又は死亡すること」である。ここでの労働災害の防止活動とは，事故予防のための「労働安全管理」と，病気予防のための「労働衛生管理」に分類できる。労働災害は業務上のものと通勤途上のものがあり，労働者の業務上の事故を業務災害と呼び，労働者の通勤途上の事故を通勤災害と呼んでいる。

2.1　労働安全管理

　労働安全管理において労働災害を未然に防ぐことが第一であり，その際に参考になるのが「ハインリッヒの法則」である。この法則によれば「ヒヤリとし

た」「ハットした」という経験の背後に実際には怪我をしておらずとも多くの事故の原因が隠れていると説明される。1件の重症災害が発生したとしたならば，その背後には29件の軽症事故が発生しており，さらにその背後には300件ものヒヤリ・ハットした傷害のない事故が起きているとされている。

　そのようなヒヤリとする状態を放置せず，安全ではない状態や危険を招く可能性のある行動を見直し改善することで，労働災害を未然に防ぐことが可能となる。その際にまず必要となるのが災害原因の分析である。分析の対象となるのは次の3点である。①安全確保の管理体制の不備，②機械設備・職場の不安全状態，③従業員の不安全行動，である。一般的な労働災害の原因の分析結果によれば，ヒヤリとする状態の原因は労働者個人に起因するもの以上に，機械設備や管理体制の不備に問題があるとされている。

　そうした機械設備や管理体制に内在する問題への対応が必要であり，その改善には安全第一の管理思想が求められることになる。具体的に導入されるのが「フェイル・セーフ（fail safe）」や「フール・プルーフ（fool proof）」の考え方である。フェイル・セーフは，仮にミスがあっても安全な状態が保持されるようにしておかなければならない考え方である。たとえば機械の自動停止がそれにあたる。またフール・プルーフは，そもそも失敗させない状態にしてしまう考え方である。たとえば連結するコネクタの形状を工夫し間違った手続きのままでは操作が進行しない状況にしてしまうのである。機械操作などでのヒューマン・エラーの完全な排除は困難であることを前提とし，その上で管理体制を構築することで労働安全管理の運用が可能となる。

2.2　労働衛生管理

　労働安全管理が「怪我」の予防を目的とするのに対して，労働衛生管理では「疾病」の予防を目的とする。この疾病には「身体的疾病」と「精神的疾病」がある。

　従業員の身体的疾病を予防するためには「作業環境測定」と「特殊健康診断」が行われる。日本作業環境測定協会によれば，「作業環境中に有害な因子が存在する場合には，その有害な因子を，除去するか，ある一定の限度まで低減させるか，またはこれらの対策だけでは有害な因子への労働者のばく露を十

分な程度まで低減させることができない場合には，保護具や保護衣等の個人的なばく露防止のための手段を利用すること等によって，その有害な因子による労働者の健康障害を未然に防止することが必要」と説明される。ここでは有害な要因の排除もしくは従業員の保護という姿勢が示されている。

　有害な要因には物質的なものと物理環境的なものがある。事業者は，一定の有害な業務に従事する労働者に対し，医師による特別の項目について健康診断を行わなければならない。有害な業務には労働安全衛生法で定められたものがある。以上のような人体に対する有害な物質，環境，業務については**図表 5 - 1**にまとめてある。

　もう一方では従業員の精神的疾病を予防するために「メンタルヘルス（mental health）」への関心が高まっている。厚生労働省の「事業場における労働者の心の健康づくりのための指針について」によるメンタルヘルスの体系的な取組みを**図表 5 - 2**に示した。それぞれ「セルフケア」，「ラインによるケア」，「事業場内産業保健スタッフ等によるケア」，「事業場外資源によるケア」とい

図表 5 - 1　　有害な物質・環境・業務について

有害物質	有機溶剤・鉛およびその化合物・特定化学物質等の有害な化学物質，じん肺の原因となる粉じん等
有害環境	電離放射線，電磁波，有害光線，騒音，振動，高温・低温，高湿度等
有害業務	高気圧業務，放射線業務，特定化学物質業務，石綿業務，鉛業務，四アルキル鉛業務，有機溶剤業務

出所：筆者作成。

図表 5 - 2　　メンタルヘルスケアの分類

方　　　法	内　容　・　手　段
セルフケア	労働者自らがストレスを把握し，軽減を図る
ラインによるケア	管理監督者が部下の心の健康状態を把握し，改善を図る
事業場内産業保健スタッフ等によるケア	産業医等が心の健康づくり対策のために行う活動
事業場外資源によるケア	メンタルヘルス対策支援センターや，産業カウンセラーなどを活用する

出所：筆者作成。

う４つのケアが行われることが重要である。

　まずメンタルヘルスに対する関心を高めておくことが第一である。そのためにはメンタルヘルス教育を施すことが大切であり，そのことにより精神的疾病の予防および早期発見につながる。

　また近年では従業員のメンタルヘルスを総合的に取り扱う「従業員支援プログラム（EAP：Employee Assistant Program）に関心が高まっている。このプログラムを実行した企業では従業員による事故やミスが減り，欠勤等による労働損失が減少し，職場の環境が改善され，さらには従業員の生産性が向上したという報告がある。

2.3　労働環境の改善

　工場におけるブルーカラーの生産性向上が企業業績の要点であった時代からオフィスにおけるホワイトカラーの生産性が企業業績を左右する状況になりつつある。グローバルな競争激化を背景に従業員の創造性と生産性を高めていくことが要求され，より一層の労働環境の快適化が求められている。

　ここでは従業員の勤労意欲（モラール）向上と生産性向上の事例として「ニューオフィス運動（new office movement）」と新たな勤務形態としての「テレワーク（tele-work）」について説明する。ニューオフィス運動では主にオフィス改革の取組みを，テレワークでは働く場所改革の取組みについて説明する。

⑴　ニューオフィス運動

　近年の企業経営においてホワイトカラーの生産性向上の重要性が高まりつつある中で，ICT（information and communication technology）の進展，労働力人口の減少，働き方の多様化などが同時並行的な動きとして顕著である。こうした要因を背景に創造性を高める場所としてのオフィスの重要性が高まり，快適かつ機能的なオフィスに対する注目が集まった。ICTによる情報化の進展は生産現場の無人化を促進するFA（Factory Automation）やホワイトカラーの職場への情報機器の導入というOA（Office Automation）化の動きも見られる。

　またオフィスの生産性向上のためにOA化が急速に進みOA機器の機能は目

覚ましく進化する中で，OA化がオフィス環境の改善につながる動きが見られ
つつある。1つには紙による文書の保管を必要としない「ペーパーレス化」で
あり，これによりゆとりのある職場空間を作ることが可能になる。

　もう1つにはスマートフォンやパソコンなどの情報通信機器を用いて，自分
用の固定机をなくし，適宜に仕事場所を決めるといった「フリーアドレス制
（free address system）」の執務形態も生まれている。ニューオフィス運動の
意義は従業員の精神的なゆとりを与えるだけではなく，従業員間のコミュニ
ケーションとコラボレーションを促進することで，創造性を高めるといった点
にある。

(2)　テレワーク

　個人事業者は独立自営の度合いが高く事務所を構えるほどの規模ではない場
合に小規模な賃貸オフィスや自宅勤務という形態を採用する。これをSOHO
（small office / home office）と呼ぶ。

　また情報通信機器の発達は「場所と時間にとらわれない働き方」を誕生させ
ることになった。その働き方の総称は「テレワーク」と呼ばれている。テレ
ワーク誕生の背景には「職住近接」という発想があり，長時間通勤を回避する
ことで生活のゆとりを確保することにつながる。ここから「サテライト・オ
フィス（satellite office）」での働き方が登場した。本社と通信回線でつないだ
サテライト・オフィスで働くことで長時間通勤から解放され，創造的な業務を
こなす思考時間が伸びることも明らかにされた。

　さらにサテライト・オフィスでの働き方は自宅を就業場所とする「在宅勤務
制度（telecommunicating system）」という形に進展し，研究開発技術者や育
児中の従業員の支援策としても用いられている。また外勤営業セールスを対象
にした「直行直帰型」を導入する企業も増加している。企業の施設に依存せず
いつでも，どこでも仕事が可能な「モバイルワーク（mobile work）」は，通
勤時間そのものをなくしてしまうため，営業セールスにとってゆとり確保に大
きな効果がある。

　2020年のコロナ禍の影響からテレワークへの注目が集まっている。

3　労働時間管理

　労働条件の中で，労働時間は最重要項目といっても過言ではない。労働基準法の定める労働時間とは労働者が使用者の指揮命令下にあり，現実に労働を提供している時間のことをいう。労働時間管理では，法的規制を遵守しつつ従業員から最大限の労働成果を期待できる労働時間運用の仕組みを考えることにある。ここでは「労働時間の長さ」に関するものと「労働時間の配置」に関するものが管理の対象である。

3.1　労働時間管理

(1)　労働時間に関する諸規則

　労働基準法では，労働時間について次のように定めている。1日の法定労働時間は8時間とし，1週間の法定労働時間は40時間とする。この「1日8時間週40時間労働」の考え方はILOの条約によるものであり，労働時間の世界標準となっている。この「1日8時間週40時間労働」は法定労働時間を定める場合や労使間交渉の最低基準の目安となっている。そうした労働時間の考え方については図表5-3にまとめてある。

　労働基準法による「法定労働時間」は，超えてはならない最低基準であり，実際の労働時間は，「就業規則」などで規定される「所定労働時間」である。この所定労働時間が法定労働時間を超えたものであれば無効となる。かつては労働組合との交渉での労働協約に基づいていたが，労働組合の組織率の低下が止まらない現在において，法による規制の重要性が高まっている。

(2)　労働者の人間的側面

　1日8時間労働が効率的な労働時間とされるが，それはあくまで一般論である。人間は機械と異なり身体的・精神的な疲労の限界がある。そのため仕事の性質や労働の強度，労働者の身体的・精神的な特性に配慮しなければならない。労働能率，労働災害の予防，身体的健康・精神的健康の観点から労働時間の長さだけでなく，休憩時間と労働時間の適切な配置の必要もある。

図表5-3　労働時間の考え方

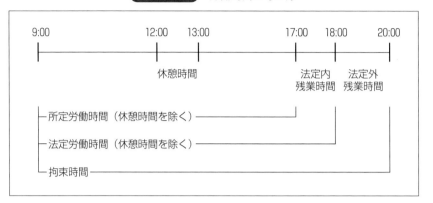

種　類	内　容
拘束時間	・出勤から退勤までの全時間をいい，休憩時間も含まれる
労働時間	・拘束時間から休憩時間を除いた時間をいう ・この労働時間は，使用者の指揮監督のもとにある時間をいう。労働時間に含まれるものとして「実作業時間」，「着替え時間（作業着や制服の着用を義務付けられ，事務所内で着替える場合）」，「出張中における業務内での移動時間」，「来客当番，電話番」などもある
所定労働時間	・就業規則などで定められている労働時間 ・所定労働時間は，変形労働時間制による場合を除き法定労働時間の範囲内で定めなければならない
休憩時間	・拘束時間中ではあるが，勤務からは解放され労働しないことが保障されている時間をいう
法定内残業時間	・所定労働時間を超えるが，法定労働時間内の労働時間（割増賃金の支払いは任意）
法定外労働時間	・法定労働時間を超える労働時間（割増賃金の支払いが義務付けられる）

出所：岩出（2016）272頁に筆者加筆・修正。

　また労働者は企業における重要な経営資源である一方で，仕事以外の時間での充足を望む存在でもある。そのため経済的なゆとりと同時に精神的なゆとりとしての「余暇の増大」に対する選好も高まっている。これは仕事生活と家庭生活のバランスを考えての，トータルな「労働生活の質（QWL：Quality of Working Life）」の向上という形で議論され，労働時間の短縮として要求され

ている。今日ではQWLの考え方を一歩進める形での「仕事と家庭の両立（WLB：Work Life Balance）」の達成として社会的な達成が望まれている。労働時間の短縮は若年者，高齢者，女性といった多様な労働者の雇用機会の改善をはかる「ワーク・シェアリング（work sharing）」としても議論がなされている。

　グローバル競争の激化する中，仕事と家庭の両立は労働生産性の向上と労働時間の短縮という両立と姿を変え私たちの前に大きな課題として現れる。この課題について，「労働時間の柔軟化」を通じて解決していかなければならない。

3.2　労働時間短縮への施策

⑴　政府の取組み

　1960年代の高度経済成長期を経た日本経済は1970年代に入ると工業製品の輸出の増大する中で欧米国家との貿易摩擦を引き起こした。日本人は失業まで輸出すると揶揄され，日本人の長時間労働による生産至上主義的な経済活動は「エコノミック・アニマル」と呼ばれるまでになった。しかし，その過酷な長時間労働は経済発展を導く一方で「過労死」を招くことになった。さらに統計上に現れない「サービス残業」の問題が社会問題化し，長時間労働の是正の動きは活発化した。

　長時間労働が社会問題化する中で，政府は年間総労働時間1人平均1,800時間を目標とし，具体的に週5日40時間労働制の促進，残業の削減，年次有給休暇の完全消化の促進，連休制の実施促進を提唱していく。

　そうした目標を実行するため政府は1987年に労働基準法の改正を行い，週の労働時間は最長40時間とした（1日8時間の上限は同様）。さらに「変形労働時間制」の拡充や「フレックスタイム制」の容認，および「裁量労働制」の新設など，労働時間規制の弾力化を打ち出した。また年次有給休暇の最低付与日数を6日から10日へ引き上げるなど，労働時間の短縮への動きは活発化してきたのである。

⑵　産業界の取組み

　政府が目標に掲げた「年間1,800時間」を現実的に実行するならば，1日8

時間労働，ノー残業，週休 2 日と祝日，年次有給休暇の完全取得が条件となる。こうした条件を達成するために産業界では，所定労働時間40時間，完全週休 2 日制，有給休暇の増加および完全消化，所定外労働時間の削減，といった方策を提案する。

(3)　労働時間の内実

　日本の労働時間を把握する統計資料は 2 種類ある。一方は厚生労働省の「毎月勤労統計調査」であり，他方は総務省の「労働力調査」である。前者は各事業所が報告した数値をもとに算出されており，後者は労働者個々人が報告した数値をもとに算出されている。

　「毎月勤労統計調査」によれば，近年の年間総実労働時間は1,800時間前後となっており，政府および産業界の目標を達成しているように見える。しかしその内実はパートタイムなどの非正規雇用が増加した結果によるものであり，正社員の年間総実労働時間は2,000時間を超えているのが現実である。また「労働力調査」によれば労働時間はさらに200時間ほど多く算出されており，現実の労働時間は依然としてかなりの長時間労働となっていることがわかる。さらにこの統計上の200時間のずれは「サービス残業」の存在を示していることにもなり，問題はさらに深刻になる。サービス残業とは，残業手当が不払いとなっている時間のことであり，過労死やメンタルヘルスの不調などを考える上で看過できない問題となっている。

3.3　労働時間の柔軟化

　日本における労働時間短縮の問題が残業時間の長さによるのであれば，いかにその残業時間を減少させるのかが大きな課題となってくる。その際にOA機器などの導入により無駄な仕事を削減する方法が 1 つある。これは業務改善による対応である。もう一方で就労形態の改善による対応も考案されており，それらとして「変形労働時間労働制」「フレックスタイム制」「裁量労働制」の 3 つを指摘することができる。

(1)　変形労働時間制

　変形労働時間制とは「１日８時間週40時間労働」という原則を条件付きで変更できるものである。具体的には特定の季節や月，あるいは週や日によって繁忙期と閑散期の差が大きい事業や仕事の場合に，一定期間を平均して１週間の労働時間が法定労働時間を超えないことを条件として変更可能とするものである。従業員には残業の削減，経営側には人件費（残業時間への賃金）の削減というメリットがある。この制度が利用されているのは旅行シーズンや年末・年始に忙しくなるホテル・旅館業や季節によって売上が大きく変化する季節商品を製造する事業，中元や歳暮を扱うデパートなどを代表的な例としてあげることができる。

(2)　フレックスタイム制

　フレックスタイム制（flexible work-time system）は変形労働時間制の１つの形態である。この制度の特徴は始業・終業の時刻を従業員の決定に委ねる点にあり，従業員が必ず勤務していなければいけない時間帯のことを「コアタイム」と呼び，従業員がいつ出社・退社しても構わない時間帯のことを「フレキシブルタイム」と呼ぶ。同制度では１ヵ月を上限とする「精算期間」の中でトータルの労働時間を把握することになる。この制度の従業員のメリットは，保育所の子どもの送迎，介護，通院，通勤ラッシュの回避など生活事情に応じた働き方が可能となる。また企業側のメリットは労働時間の浪費の回避，残業削減，早退・遅刻の解消等による生産性の向上があげられる。

(3)　裁量労働制

　裁量労働制（discretionary work system）は「みなし労働制」の１つの形態である。業務遂行の方法や労働時間の使い方を従業員の個人裁量に任せ，「一定の時間を労働した」とみなす労働時間算定を行う制度のことである。企業には指揮・命令の下で労働した時間を正確に把握し，実労働時間に応じた賃金を支払うことが義務付けられている。しかし，業務によっては企業が直接に指揮・命令を行うことや正確な労働時間を把握することが困難なものもある。そのため一定の時間を労働したとみなす方法がとられる。このみなし労働制に

は２つのタイプがあり，１つは専門業務型裁量労働制であり，これを導入できる業務は19業務に限定される。もう一つは企画業務型裁量労働制である（**図表5－4**）。

このような裁量労働制は実際に働いた時間とは関係なく，前もって決められた時間数を労働したとする「みなし労働時間制」として運用される。注意の必要な点としてみなし労働であるから割増賃金は発生しないというわけではない。時間外労働などの法規制の適用があり，みなし労働時間数が法定労働時間を超える場合や休日出勤や深夜勤務を行う場合には割増賃金が必要となる。実際には所定労働時間に，月40時間を残業するとみなし，月次給与に残業代分を裁量労働手当として支給する形をとっている。

4　今後の動き

1980年代以降，欧米諸国を中心に，労働時間の短縮や休暇制度の充実を通じ企業で過ごす時間と私生活の時間の双方で充足される人生を望む人々が増加している。女性の社会進出，共稼ぎ世帯やひとり親家庭および同性婚など家族形態の多様化，男女労働者の価値観の変化，そして人口の少子高齢化などを背景に働く人々の意識が，「仕事と家庭の両立」および「仕事と生活の調和」に向かいつつあり，ワークライフバランスの実践へと拡がりをみせている。そうした中で労働時間に対する関心はより一層高まりつつある。

ホワイトカラーの生産性を向上させることおよびサービス経済の中で知識労働が中心となりつつあることもあり，工場労働を前提とした労働時間の一律的な管理そのものが不適切であるという議論がなされている。それを受けて裁量労働制を拡大する方向として「ホワイトカラー・エグゼンプション制度（white-collar exemption）」の創設が提案されている。

ここでは専門業務型裁量労働制の対象19業務に加え，ファイナンシャルプランナーなどのホワイトカラー業務を行う労働者に対して労働基準法の時間規制から除外し，残業代を支払わないことを想定した制度が模索されている。エグゼンプションという用語は「除外」という意味であり，本来は米国のホワイトカラーの最低賃金と残業代の免除対象者の説明で用いられた。米国の公正労働

基準法（FLSA：Fair Labor Standards Act）によると，最低賃金と残業代が免除される対象，つまり裁量労働のみの賃金になる対象は，経営者，管理者，専門家（教員含む），営業職，特定のコンピュータ関連職，などである。FLSAでは細かな条件が設定されており，日本版のホワイトカラー・エグゼンプション制を考える上で参考にしなければならないだろう。

　2018年に日本でも「高度プロフェッショナル制度」として導入され運用について議論されている。同制度は労働基準法改正案41条の2でうたわれている「特定高度専門業務・成果型労働制」を指しており，一定の年収要件を満たす一部の労働者について，労働基準法が定める労働時間規制（同法で定める労働時間，休憩，休日及び深夜の割増賃金に関する規定）をすべて適用しないとする制度である。この点を受け残業代に関する支払いが懸念され，時短労働への取組みに対して逆行することにならないために法制上の整備と企業での運用上の留意が必要である。2019年5月20日の毎日新聞によれば全国で1名の登録しかおらず，現時点ではまだ普及している様子はない。

図表5－4　専門業務型裁量労働制・企画業務型裁量労働制

専門業務型裁量労働制	
対象	業務の性質上，その遂行の方法を大幅に労働者の裁量に委ねる必要があるため，業務の遂行の手段および時間配分の決定等に関し具体的な指示をすることが困難な業務　指揮命令下での業務遂行が困難とされる高度な専門性を要する19種（弁護士，デザイナーなど）に限定
留意点	労働者の過半数を代表する労働組合，または過半数を代表とする者との労使協定を締結し，労働基準監督署に届出

企画業務型裁量労働制	
対象	事業の運営に関する事項についての企画，立案，調査，分析の業務であって，業務の性質上，その遂行の方法を大幅に労働者の裁量に委ねる必要があるため，業務の遂行の手段および時間配分の決定等に関し具体的な指示をしない業務
留意点	委員の半数が労働者などの要件を満たす「労使委員会」を設置し，委員会の委員の5分の4以上の多数により条件について決議し，決議内容を労働基準監督署に届出

出所：厚生労働省の資料より筆者作成。

第6章
人事評価

1　人事評価とは何か

1.1　人事評価の定義

　『広辞苑』によれば「評価」とは，物の価値を定めることとなっている。ただし，その価値の定め方は，何かの基準に従って定める場合もあれば，人それぞれのモノサシ，価値観により定まる場合もある。つまり人事評価とは，人の価値を定めることということになるが，企業ではその価値をどのように定めているのだろうか。

　企業における人の評価には様々な用語が存在する。人事評価，人事考課，人事査定，人事測定，人事検査，アセスメントといったものである。名称が異なるものの，それぞれに明確な定義がされているわけではなく，結局は同じような意味で使用されているという指摘もあり，本書ではその中でも最も広く捉える言葉である「人事評価」という用語で統一する。

　人事評価の定義としては，「従業員の日常の勤務や実績を通じて，その能力や仕事ぶりを評価し，賃金，昇進，能力開発等の諸決定に役立てる手続き」（白井，1982）や「個々の従業員の職務実績・職務遂行能力・勤務態度を合理的に制定された一定の評価項目に従って直接上司その他が評価する制度」（岩出，2016）がある。これらを参考にしつつ，この本では人事評価を「処遇を始めとした多様な目的に生かすために，従業員の組織での働きぶりを，ある一定

の基準に従って判断する手続き」と定義する。

1.2　人事評価の目的

　企業における人事評価は，処遇など多様な目的に生かすために行われている。その主な目的として以下の4つがあげられる。

　1つ目の目的は，昇進・昇格，昇給，賞与といった処遇を決定することである。人件費の原資やポスト（役職）には限りがあるために，処遇に格差を付けることが必要となる。さらに近年は，動機づけをするために成果主義的評価を導入し，処遇格差をつける企業が増えてきている。

　2つ目の目的は，従業員個々の能力を見極め，適正配置を決定することである。職種別採用が一般的である欧米企業とは異なり，日本企業においては組織に入って様々な職場で様々な職務を経験させながら，適性を見出していく。つまり人事評価により，職場や職務が適しておらず成果が出ていない場合は配置転換を行う。

　また，成果が出ていない原因が能力的な問題である場合は，教育訓練で解決できる可能性がある。教育訓練ニーズを見出すこと，人材育成に役立てることが人事評価の3つ目の目的といえる。近年では評価結果を伝える評価面接が上司と部下とのコミュニケーションを促進し，重要な育成機会とされている。上司からのフィードバックにより，業務の改善点に気づかせたり，自己啓発目標を立てさせたり，キャリア形成の支援をしたりするなど，評価に対する育成面での期待が高まっている。

　4つ目の目的は，評価基準を示すことによって従業員に期待の人物像を提示することである。つまり，評価基準は従業員の行動を変えることができる。今野ら（2009）が人事評価を「従業員の道しるべ」と表現しているように，最短で成果を出すことを良しとする企業なのか，時間がかかっても丁寧に顧客との関係を築くことを良しとする企業なのか，行動と方向性をわかりやすく伝える手段となりうる。

　以上のように，組織における人事評価は様々な目的に活かすために行われており，厳密には人事評価はその目的に応じて，最も適切な方法がとられるべきとされている。

2　どこを評価するのか（評価要素）

　次に，人事評価の目的に合わせて，人の働きぶりのどこを評価するのか，評価要素を決める必要がある。また，評価要素を1つに絞って判断する場合と，2つ以上の多次元で判断する場合がある。たとえば，営業担当者を売上金額のみで評価する場合は1つの要素で判断していることになる。ただし，このように1つの要素で判断できる職務の方がまれであり，一般的には多次元で判断するケースの方が多い。

2.1　職能資格制度の評価要素

　職能資格制度は1969年に日経連の報告書『能力主義管理』で提言され，1973年の第一次石油ショックによる不景気を機に普及していき，長きにわたり日本の人事制度の中心となっていた。職能資格制度の評価要素は，**図表6－1**のように態度，能力，業績の3つの要素で評価する。

　さらに，一般職能，中間指導職能，管理職能といった職務遂行能力のレベルによって，評価すべき要素は異なってくるという考え方から，これら3つの評価要素はウェイト（比重）で違いを出すのが一般的である。たとえば，**図表6－2**のように，一般職能（入社〜10年ぐらいまで）は職務への取組み姿勢などを見る態度評価のウェイトが最も大きく，中間指導職能では知識や技能といった能力評価のウェイトが最も大きく，そして管理職能になると業績評価のウェ

図表6－1　職能資格制度の評価要素3次元

態度評価	評価期間中に従業員がどのような態度・行動・取組み姿勢で業務を遂行したのかを評価する。一般的には責任性・積極性・挑戦性・協調性・規律性などの面から評価する。
能力評価	従業員が知識・技能・理解力・判断力・交渉力などをどの程度保有しているかを評価する。
業績評価	評価期間中における仕事の量や質，達成すべき数値目標や課題など職務遂行の度合いを評価する。

出所：岩出（2016）139-141頁。

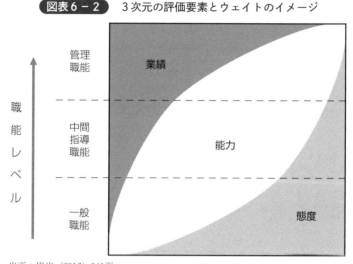

図表6－2　3次元の評価要素とウェイトのイメージ

出所：岩出（2016）141頁。

イトが最も大きくなるという具合である。

　ただし，職能資格制度における能力の基準は，昇格の時点で保有している能力であること，勤続年数によって向上すると考えられていたことにより，実質的に年功的な制度となっていた。その結果として，バブル崩壊後の長引く不況期に職能資格制度を廃止する企業が相次いだといわれている。

2.2　新しい評価要素

　職能資格制度時代の能力評価は保有能力を対象としていた。それに対し，1990年代後半からの成果主義導入の流れと共に，新しい能力の概念としてアメリカから輸入されてきたのがコンピテンシーである。コンピテンシーは元々アメリカの心理学者マクレランド（McClelland, D.C., 1973）によって考え出された能力の概念であり，読解力，文章力，計算力のような伝統的な能力（IQ）だけでなく，コミュニケーション能力，忍耐力，適度の目標設定や自尊心の発達といったパーソナリティ変数，後にEQと呼ばれるものも含めている。

　日本においては，職能資格制度の保有能力に対比する形で，コンピテンシーを行動として発揮された顕在能力もしくは行動特性という捉え方がされている。

本著ではコンピテンシーを「高業績を生み出すために行動として発揮される能力」と定義して進めていく。

　コンピテンシー評価もしくはコンピテンシー・モデルが対象とする能力は，実際に職務を遂行している高業績者と平均的な業績者の業績の差を生む行動から抽出されることが多い。その一例として，スペンサーら（Spencer, L.M., 1993）の一般的なコンピテンシー・モデルに含まれる能力は，**図表6－3**のように20次元となっている。

　ただし，アメリカのような職務分析を行う習慣がない日本企業においては，職務，職位ごとに図表6－3のような詳細なコンピテンシー・モデルを独自に開発するのは困難である。さらに，日本企業は人事異動により，職務が変わることが多いため，職務，職位ごとに異なる評価基準になるのは好まれない。

　そこで，職能資格制度の能力の部分を，行動プロセス，行動の実践度，といった行動指標に変えたもので設計している企業もある。コンピテンシー・モデルは2000年頃に日本に導入されてから20年近くを経て，本来のものとは異なる日本独自の設計・運用になってきているともいわれている。ただし，コンピテンシーの登場によって，保有能力中心だった能力評価が，顕在能力，行動特

図表6－3　一般的なコンピテンシー・モデルにおける評価要素20次元

A．達成とアクション	D．管理領域
① 達成志向 ② 秩序・品質・正確性への関心 ③ イニシアチブ ④ 情報収集	⑩ 他者育成 ⑪ 指導 ⑫ チームワークと協力 ⑬ チームリーダーシップ
B．援助・対人支援	E．知的領域
⑤ 対人理解 ⑥ 顧客支援志向	⑭ 分析的思考 ⑮ 概念的思考 ⑯ 技術的・専門職的・管理的専門性
C．インパクト・対人影響力	F．個人の効果性
⑦ インパクト・影響力 ⑧ 組織感覚 ⑨ 関係構築	⑰ 自己管理 ⑱ 自信 ⑲ 柔軟性 ⑳ 組織コミットメント

出所：Spencer L. M., & Spencer, S. M.（1993）をもとに著者作成。

性，行動プロセスと，実際に発揮した能力・行動へと変化してきたことは確かである。

3　どのように評価するのか（評価方法）

3.1　評価方法

　評価方法は，大きく相対評価と絶対評価に分けられる。相対評価は，評価対象者を比較することによって優劣を決めるもので，たとえばA評価10％，B評価20％，C評価50％，D評価20％，のように決められる。そのため，ある部門で多くの人が素晴らしい成果をあげたとしても，強制的にA～Dにバラつきを持たせなければならず，被評価者が不満を持つ可能性がある。また，部門間での比較ができないため，優秀な人が集まった部門だと低い評価になりやすいという短所がある。

　絶対評価は，ある基準に照らし合わせて評価する方法である。評価者は基準が明確であるため評価しやすく，動機づけもしやすい。被評価者はより良い評価を得るための基準がわかりやすく，納得性が高い。そのため，近年は相対評価から絶対評価へという流れになっている。ただし，近年の相対評価は悪，絶対評価が善という流れには注意が必要である。学校においては相対評価によって，最低ランクに評価された学生に対する配慮は必要であろうが，企業においては労働費用という原資が限られているため，賃金分配という観点では相対評価の方が合理的な面もある。評価方法の長所，短所を考慮しつつ，どのような方法がその組織にとって最も適しているのかを考えていく必要がある。

　図表6-4は代表的な相対評価と絶対評価の方法である。なお，コンピテンシー・モデルは行動基準評定尺度法から発展したものなので非常に似た特徴を持つ。また，日本で最も導入されている目標管理については次項で詳しく説明する。

3.2　目標管理

　絶対評価の1つである目標管理は，業績を評価する制度として日本の企業に

図表6-4 代表的な相対評価と絶対評価の方法

	方　法	内　容	長　所	短　所
相対評価	強制分布法・分布制限法（Forced distribution）	あらかじめ決められた分布に従って評価対象者を序列化する方法。企業だけでなく，学校でも使用される。	各グループを最初から決まった人数にすることができる。	評価結果はどこで線を引くかという判断が難しい。
	序列法（Ranking）	業績や特性などにより序列をつけていく方法。	単純で評価しやすい。優劣の差が付けやすい。	評価対象者が増えると正しく序列付けするのが困難になる。
	一対比較法（Paired comparison）	ペアとなった対象者を比較することによって，対象者の業績・特性を序列付ける。	最も正確な相対評価方法。標準得点を求めることにより，グループ間，部門間の比較が可能。	対象者が増えると，比較すべきペアの数が増え，時間と労力で大きな負担。
絶対評価	図式評定尺度法（Graphic rating scales）	個別の評価要素に対して，程度を表す尺度基準（たとえば，非常に高い〜非常に低いまでの5段階）を設け，それに照らし合わせて評価する。	運用が容易であるため，絶対評価方法として最も取り入れられている。各従業員に数値データを提供できる。	基準が不明確。ハロー効果，中心化傾向，寛大化傾向などバイアスが起こりやすい。
	重要事象法（Critical incident method）	極めて優れた職務行動と，特に優れていない職務行動を記録し，評価の基準にする。	従業員のパフォーマンスの何が"正しく"て，何が"間違い"なのかを明確にできるため，フィードバックしやすい。	部下全員の行動を記録しなければならず，大変な時間と労力がかかる。従業員を比較，序列化するのが困難。
	行動基準評定尺度法（BARS：Behaviorally Anchored Rating Scales）	実際の職務の重要事象に限定し，基準を職務行動で定義したもの。たとえば，ある要素について最も優れたレベルは，どのような行動なのか明確にされている。	行動の"基準"を提供するため，フィードバックを容易にできる。職務行動を基準にしているため，非常に正確。	開発するのが困難。重要事象に限定してしまうと，適用範囲が狭く，特殊な職務（警察，軍隊など）を除く一般的な職場では適応させにくい。
	目標管理（MBO：Management By Objectives）	上司と部下が評価期間の最初に達成目標を話し合い，期末にその目標の達成度により評価する。	パフォーマンスが目標と一致している。	時間を要する。

出所：高橋（2010）60頁，Dessler, G.（1999）341頁をもとに著者作成。

浸透してきている。目標管理は，1954年にドラッカー（Drucker, P.F.）が「目標と自己統制による管理」（Management by Objectives and Self-Control）という概念を提示したことに始まるとされるが，それよりかなり以前から米国の代表的企業の実務家たちによって目標管理が行われていたともいわれている。

　その特徴としては，

① 　目標が具体的で測定可能であること
② 　期限の明確な目標や目的を上司と部下が相互に設定すること
③ 　その目標を追求することによって組織目標を達成すること
④ 　上司と部下が合意した客観的業績基準をもとに評価が行われること
⑤ 　目標達成度と進捗状況が観察・測定されること

である。人事評価といえば，上司が部下に対して一方的に行うものであったが，そのプロセスに部下も入るという点で画期的な方法といえる。

　日本企業における一般的な目標管理制度のプロセスは**図表 6 － 5** のようにな

図表 6 － 5　目標管理制度のプロセス

	部下（本人）		上　司	ポイント
期初	目標設定	⇒ 面談	確認・指導	面談で合意決定される目標が評価基準となる
	確認	⇐ 返却	目標レベル調整	
期中	課題遂行	⇠ 支援	課題遂行の支援	目標達成をめざす職務遂行上の自己管理の徹底
期末	自己評価	⇒ 提出	1 次，2 次評価	・合意による最終評価決定 ・フィードバックによる能力開発型の人事評価
	評価内容確認	⇐ フィードバック	最終評価	

出所：労務行政研究所（2014）66頁，岩出（2016）147頁を参考に著者作成。

る。日本の目標管理制度の特徴はアメリカのものよりも，コミュニケーションや育成を目的にする傾向が強い。単なる業績評価の方法ではなく，上司と部下とのコミュニケーションを促進し，育成する役割も担っているのである。

　また，目標管理制度のメリットは，担当する職務が多様であっても，目標達成度という表面的には共通した1つの評価基準を設定することができる点である。配置転換が多くゼネラリスト志向の強い日本企業においては，目標管理制度は全社的に共通した業績の評価ができるため，利便性が高い。一方，目標管理制度のデメリットとしては，目標の設定，目標への取組み，評価といったサイクルが，一般的には半年〜1年の期間で行われるため，時間を要する点である。そのため，リアルタイムでのフィードバックを好むアメリカの企業では，近年目標管理制度を廃止する企業も出ているようである。

3.3　納得性，妥当性，信頼性の向上

　日本企業が成果主義的評価を導入する中で，大きく4つの変化が見られる。1つ目は，減点主義を排した加点主義の導入である。かつては，減点主義での評価が主流であったが，ミスをしないことが優先されると，組織は事なかれ主義者ばかりになる。近年では新しい価値を生み出したり，イノベーションを起こしたりする人材が求められるようになってきており，加点主義へ移行している。2つ目は，秘密主義を排した公開性の導入である。誰がどのように評価したのかをオープンにすることで，従業員の納得性を高める工夫がされている。

　3つ目は，成績査定型から能力開発型の人事評価である。かつての評価の目的は昇給や賞与のための一過性の評価であったが，近年は上司から部下へのフィードバック等による育成面への期待が高まっている。フィードバックの育成面を強調して，育成面接と呼ぶことも多い。4つ目は，部下疎外型から部下参画型への変化である。目標管理にもあったように，上司が一方的に評価を行うのではなく，評価プロセスに部下を入れていくものである。

　評価結果に明らかな差がつくようになると，良い評価を得られなかった者は不満を抱くことになる。その際，なぜそうなったのか，どのようにすれば良くなるのか，といったことを上司と部下で話せるような場を設け，納得性を高める工夫をしていくことが，これまで以上に重要になっている。

　次に，評価方法の信頼性と妥当性についてである。信頼性とは，その評価方法で何度測定しても同じ結果が出るかという，方法の安定性のことをいう。同じ人を同じ方法で測っているにもかかわらず，測るたびに異なる評価結果になってしまっては，正確な評価ができているとはいえない。

　妥当性とは，その評価方法で測定したいものが実際に測れているかどうかを示す。たとえば，リーダーシップ行動についての評価であれば，その評価方法でリーダーシップ行動が適切に測定できているのか，評価方法の有効性を調べることである。

　人事評価の方法は一度完成したら終わりというのではなく，信頼性や妥当性の検証といったメンテナンスを行うことにより，より精度の高いものとなる。しかし，日本においては尺度の信頼性と妥当性に関する検証はあまり徹底されていないというのが現状である。

4　誰が評価するのか（評価者）

4.1　2次，3次評価と多面評価

　納得性を高める工夫をし，信頼性，妥当性の高い評価方法を用意したとしても，従業員全員に評価結果に納得してもらうのは非常に難しい。特に日常から上司と部下との関係が良くない場合には，フィードバックがかえって不満を高めることにもなりかねない。また，方法が適切であっても，人が評価する限り主観を完全に排除できるわけではない。そこで企業で行われているのが，評価者を複数にすることである。

　一般的に評価者は直属の上司であり，一次評価者と呼ばれる。そこに直属の上司の上司である二次評価者，所属部門の最高責任者である三次評価者を加えることで客観性を持たせる。

　さらに，上司からの評価だけではなく，自己評価，部下や同僚，ときに顧客といった様々な角度から評価していく「多面評価」もしくは「360度評価」という方法もある（**図表6－6**）。より多くの立場の人から評価されることで客観的な評価ができる。近年は，評価自体よりもフィードバックの方に重きが置

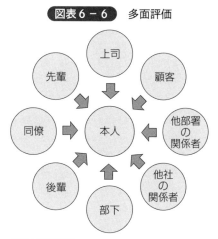

図表6-6 多面評価

出所：筆者作成。

かれ「360度フィードバック」とも呼ばれる。

　なお，多面評価は匿名で実施されることが多い。特に，部下が上司を評価する場合は，人間関係を考慮し，適切に評価できないことが予想されるため，匿名で行う。その一方で，匿名であるがために，よりバイアスがかかった評価が行われたり，真剣な評価が実施されなかったりする点がデメリットとしてあげられる。

　また，上級管理者は組織目標や評価基準を理解しているが，評価者が同僚，部下，組織外の関係者，顧客と組織のコア（中心部）から遠くなるにつれ，組織目標や評価基準の理解度が薄くなっていくと考えられる。

　その証左として，アトキンスら（Atkins, P.W.B, 2002）の評価者間の評価結果の相違を調査した研究によれば，組織内の各評価者とそれとは別に設定した評価センター（評価の専門家）との評価結果の相関関係を見たところ，上司と評価センターの評価には有意な正の相関があった。一方で，自己評価と評価センターの評価は負の相関を示し，同僚や部下と評価センターの評価には有意な相関が見られなかった。ただし，同じ研究で自己評価を除けば，上司，同僚，部下の評価の平均が評価センターの評価と最も強い相関があったため，結論としては多面評価の有効性を示しているといえる。

4.2　評価者訓練

　評価者が適切な評価を行うためには，まず評価制度を理解し，評価基準に精通する必要がある。そこで実施されているのが評価者訓練である。評価者訓練の内容としては，①評価者訓練の目的と人事評価制度の周知，②評価のステップとそのポイント，③評価エラーとその対応策，④管理者の役割と評価調査の仕方，面接技法の習得，⑤事例研究，⑥ロールプレイング，などがあげられる。会議室で評価者訓練が行われることもあるが，1～2泊程度の合宿研修が行われることも多い。このような評価者訓練が行われるタイミングとしては，評価する立場に昇進したときである。

　上記に述べた評価者訓練の内容の中で，最も行われているものが，上記③の評価エラーとその対応策に対する教育である。評価者の持つ個人的な属性は少なからず評価に影響を与え，評定誤差やバイアス（歪み）が生じる可能性がある。そのため，**図表6－7**にまとめられているような評価エラーが無意識のうちに起こり得ることを認識させておくことが大切である。

図表6－7　代表的なバイアス

ハロー効果	何か1つ良いことがある，もしくは悪いことがあると，すべてが良く（悪く）見えてしまう誤り。
直近（近接，遠近）効果・期末誤差	評価の期末に見られたことには大きく影響を受け，逆に期初のことは小さくなってしまう誤り。
論理的誤差	思い込みや，特性間の一般的な関連性に基づいて推測し，本来の特徴を見誤ること。
対比誤差	考課者が自分を基準にして見ることで，客観的な特徴を見失うという誤り。自分の得意分野か不得意分野で評価が甘くなったり，辛くなったりする。
寛大化傾向	考課者自身の自信のなさや，人間関係の配慮から評価が甘くなる誤り。
厳格化傾向	教科書的な理想論を基準にして実際の評価よりも低く評定しようとする誤り。
中心化傾向	実際に個人差を認識しながら，無難にしておこうとして評価が平均的なところに集中してしまう誤り。

出所：著者作成

　ただし，評価者訓練で評価エラーを事前に教えることにより，バイアスを減らすことはできるものの，真のバラつきまで減らしてしまう危険性も指摘されている。たとえば，自分が評価を高めにつけてしまう傾向があることに気づいた評価者が，不当に低く評価してしまうような場合である。このようなデメリットについても，評価エラーとともに伝えておくことが必要である。

　また，ギルフォード（Gilford, J. P., 1936）は評価者が備えているべき点として7つの要件を指摘する。①評価に関心を持つ人であること，②評価に時間を割くことができる人であること，③良識があり円満な人柄であること，④人に対して同情的であり，理解しようとする態度を持つ人であること，⑤不必要に自己を主張しないこと，⑥自己の能力とその限界をよく承知している人であること，⑦評価過程の誤差の作用をよく理解しており，しかもそれを埋め合わせるような訓練を受けていること，である。

　逆にいえば，評価に関心がなく，評価に時間を割けないほど忙しく，他人を理解しようとしない人，不必要に自己を主張したがる人は，評価エラーを起こしやすいといえる。ただし，ギルフォードのいうような条件を満たした人が最初から組織に数多く存在しているわけではない。だからこそ，評価者訓練で適切な評価者として育て上げることが重要である。

5　人事評価の体系

　かつての日本の企業では，人の能力はそれほど差があるわけではなく，差をつけて競争をあおるよりも，職場の和，チームワークを優先させてきた。しかし，評価結果をわかりやすい形で処遇に結びつけるような動機づけが必要とされてきており，年功主義から能力主義，さらに1990年代半ば頃からは成果主義へと移行してきている。特に今後は少子化が進み労働人口が減っていくため，優秀な人材をリテンション（保持）していくためには，発揮能力や業績を適切に評価し，それに見合った処遇をしていくことが求められる。

　図表6−8は本章で論じた人事評価を体系的に示したものである。

　働きぶりのどこを評価するのか，またそれをどのように評価するのか，つながりを持って設計していくことが必要である。

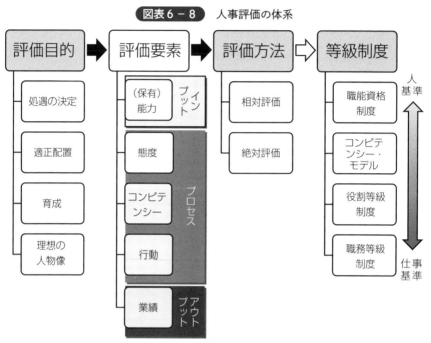

図表6-8　人事評価の体系

出所：筆者作成

　さらに，人事評価の結果を昇進，昇格，昇給に反映させる制度が等級制度である。等級制度については，賃金も関係してくるため次章で論じるが，関係性としては図表6-8のようになっている。

　以上のように，企業における人事評価は評価要素，評価方法，評価者により様々な形となるが，最も重要なのは何に使用するかといった評価目的であろう。評価しただけで，評価結果が結局，処遇やその他の目的に生かされないのであれば，手間と時間ばかりかかる"無用の長物"となるだけである。

第7章
報酬管理（賃金・福利厚生）

1 報酬管理とは何か

1.1 報酬の定義と意味

　報酬とは何か。報酬には，「外的報酬」と「内的報酬」がある。外的報酬は給与，賞与，手当，株式など労働の対価として会社から支払われるものである。すなわち，労働基準法第11条が定めている「賃金とは，賃金，給料，手当，賞与その他名称の如何を問わず，労働の対価として使用者が労働者に支払うすべてのものをいう」といった内容になる。実際，現代企業の多くはこの外的報酬である賃金に焦点を当て，人的資源の施策を行っている。一方，内的報酬として，能力，達成，責任，キャリアの成長，やりがいと貢献などがある。内的報酬は従業員満足要因の中の職務満足要因がその構成になっている。

　このような，報酬は**図表7-1**が示すとおり，外的報酬の金銭的要因と内的報酬の非金銭的要因がある。金銭的要因には，直接的要因としての賃金，給与，賞与，特別手当があり，間接的要因としての，各種保険，社会的ベネフィットなどがある。非金銭的要因としては，職務に関わる達成感，昇進機会，責任など職務環境としての快適な労働条件，適正な管理・監督などがある。現代の企業経営においては，従業員満足を通して，モチベーションを向上させ，業績向上を図るためには両者を適切にマネジメントすることが求められている。

　また，報酬は法的な側面，会社側の側面，働く側の側面，それぞれに異なる

図表7－1　給与計画の構成要素

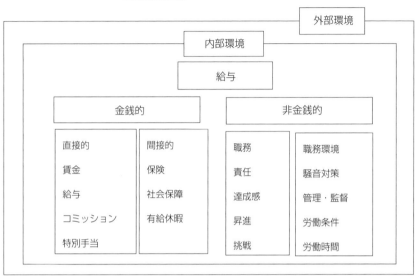

出所：西川（1997）142頁。

意味を持っている。企業は，戦略的な要因計画をもとにして，労働市場から必要な労働力を調達し，労働の対価として法的基準に添って賃金を支払う。その際には「総額人件費」を管理し，労働費用を極力抑えようとする。ここで，労働の対価である報酬は何に対して支払われているのかが問題になる。すなわち，属人的要素なのか，職能なのか，職務なのか，役割なのかという基本給を構成する要素に関する議論がある。特に，人件費は労働費用に占める割合が高いので，コストを抑える方向に動く。一方，働く側は労働力の提供者であり，賃金は生計を営む重要な要素である。少なくとも憲法第25条が規定している「すべての国民は健康的で文化的な生活を営む権利」を有している。すなわち，労働者側は，賃金は人間らしい生活を営むための所得である。そのためには，働く側は，賃金はできるかぎり高い方が望ましいので，労使の団体交渉の重要案件になっている。

　このように，両者の利害関係が相反しているため，賃金は労働組合の発達と関連法規の整備が進む中で，労働者の保護が行われてきた。近年は，戦略的人的資源管理の側面から賃金は優秀な人材の確保の視点を積極的に進めている企

業が存在している一方，非正規職が増大することで所得格差の問題と労働貧困層が増大している。

1.2　報酬の決定要素

　報酬は，何によって決まるのか。報酬額の問題は，労使双方にとって重要な問題である。また，社会的にも報酬の決定要素は社会の安定を図るものでもある。日本では，憲法第25条が規定している国民の権利と労働基準法第1条「労働条件は労働者が人たるに値する生活を営むための必要を満たすものでなければならない」や，第5条の「使用者は最低賃金の適用を受ける労働者に対して，その最低賃金以上を支払わなければならない」があり，報酬は法的規定を守りながら，「春闘」などによって賃金額が決まる。その際には，①企業業績，②世間相場，③企業貢献度，④市場価値，⑤労使関係の安定，⑥消費者物価などが判断基準となっている。近年は，低成長，少子高齢化などの背景があり，賃上げが厳しくなっている。

(1)　企業業績

　賃金は企業の支払い能力が重要になる。一般的に，企業業績が良ければ賃金の支払い能力も向上し，賃金を上げることができるが，業績が悪化した場合，賃金アップは難しい。しかし，賃金は労働者の生活の糧になるので，物価上昇にともなう生活保障などを考慮し，財務的に厳しい場合でも賃金を保障する場合もある。一方，近年は業績が良い場合も将来のリスクなどに備えて，賃金を上げることはなく，内部留保する企業もあり，企業それぞれの賃金政策によって，実際の賃金の支払いは異なる。

(2)　世間相場

　日本の企業は，横並び意識が強い文化を有している。同業産業の他の会社の賃上げがどのようになっているかを互いに情報交換をし，情報収集を通して，賃金を決めていく。たとえば，日本企業は毎年春に「春闘」があり，自動車産業のトヨタ，鉄鋼産業の新日鉄などが「パターン・セッター」として，たとえば，ベースアップ3,500円，定期昇給なしと発表し，相場作りをする。その後，

他の企業も同業界の動向や他産業の動向などを考慮し，賃上げを決定し，最終的に労使交渉を通して決めていく。

⑶　企業貢献度

近年，成果主義への流れを受け，多くの企業は働く社員の企業への貢献度を評価し，貢献度に応じて賃金を支払う企業が多い。特に，ホワイトカラーの管理職の多くは個人が担当する職務の困難度や役割，職務パフォーマンスによって，賃金が決まるケースが多い。具体的には，職務給，役割給のことであり，大手企業の8割が同制度を導入している。一般社員の場合でも評価を通して賞与に反映する企業や定期昇給において，貢献度に応じて昇給額が異なる企業もある。

⑷　市場価値

一般的に，日本企業の労働者は内部労働市場を形成し，その価値は企業の内部制度によって決まっている。しかし，近年は一部の職種においては市場価値によって賃金が決まるケースも出ている。たとえば，IT関連職種，経営コンサルタントなどの専門的職種においては外部労働市場の相場の影響を受けるので，市場価額に応じて賃金が支払われている。

⑸　労使関係の安定

労使関係の安定は，経営を成功に導く重要な要素である。労使関係が不安定になれば，商品およびサービス供給に支障が出る可能性がある。労使交渉が決裂すると労働者側は労働ストライキなどの団体行動にも出る。また，賃金に不満があるとモチベーションの低下や転職などの行動につながる。近年，人口減少社会を迎えた日本企業は働く従業員が足りなく，労働市場から適時に供給されない場合もある。したがって，賃金は労使関係の安定の側面からも影響を受ける。

⑹　消費者物価

物価は生活者にとっては重要な意味を持つ。既存の生活を維持させ，また生

活向上をめざす場合，物価は生活者に大きな影響を及ぼす。物価上昇局面の際，賃金が上昇しないと生活は苦しくなり，企業側に賃上げを要求することになる。したがって，消費者物価の要因も春闘交渉に影響を与える。一方企業業績が低迷する場合，企業側は賃上げ交渉を拒否することになる。また，デフレ経済の場合賃上げ交渉をすることが難しくなる。

1.3　報酬の構成要素と体系

日本企業の一般的な賃金の構成要素は**図表7－2**が示すとおりになる。給与は毎月支払われる定期賃金と年2回支払われる賞与がある。また，定期賃金は「所定内賃金」である「基本給」と「手当」と「所定外賃金」である「時間外手当」，「休日手当」などから構成される。

日本企業の場合は，欧米企業とは異なる生活関連手当が多く，歴史的に形成された生活保障給的な側面が反映されている。また，基本給と手当の割合は8：2が多い。そして規模が小さい企業ほど手当が多い特徴を有している。特

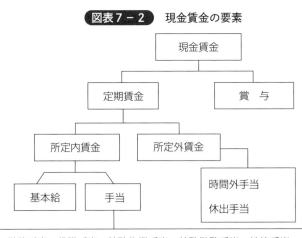

図表7－2　現金賃金の要素

出所：岩出（2016）306頁。

に，基本給をベースに賞与，退職金を計算するので基本給が抑えられている。

　基本給には，学歴・年齢・勤続年数・性別などの「属人的要素」で決まる「属人給」，職務や職種における職務遂行能力で決まる「職能給」，職務の難易度，困難度，責任度などの職務価値で決まる「職務給」がある。日本企業の場合，従業員本人の職務遂行能力を評価する日本独自の賃金形態である「職能給」や従業員が果たすべき仕事上の基準とする「役割給」などが普及されている。

2　報酬制度の変化と特徴

　日本企業の賃金は，戦後，その制度の変化が見られる。属人的要素を評価する「年功賃金」から「職務給」の導入と失敗，能力主義を標榜する「職能資格制度」，1990年代半ば以降，成果主義の一環として導入された年俸制，近年の職務等級制度，役割等級制度など時代ごとに変遷が見られる。

2.1　戦後の年功賃金

　戦後の日本企業の賃金史は，賃金体系として「電産型賃金体系」が取り挙げられる。「電産型賃金体系」は，1946年初夏に準備され，10月に電気産業労働組合によって要求され，翌年4月1日から実施された賃金体系である。すなわち賃金（100%）を基本賃金（92%）と地域賃金（8%）に分け，基本賃金は本人給（47%），家族給（20%），勤続年数（5%），能力（20%）で定まる仕組みで，「年齢別に生活保障額を決め，しかもそれを基準内賃金67%とし，これに勤続給を含めて72%を年齢・勤続で保障」することで年功賃金を再編成し，そのうえで「労働の量と質に応じた賃金部分」（=能力給）を加えた方式で，基本的には年齢給を基礎とした基本給決定方式である。

　結局，電産体系は年齢にリンクした本人給と，扶養家族数に応じた家族給の合計が労働者の最低生活を保障するものであり，勤続年数に対応した勤続給と能力給とは熟練を再生産するための費用であると説明され，急速に各企業に普及し，公務員給与要求にまで波及されたのである。

　このように生活保障給として再編成された「電産型新年功賃金」は，その後，

全国に波及を見せ，戦後賃金制度の軸となる。旧労働省（1948）によると，全産業の賃金構成の中で基本給（年齢給・勤続給・学歴給）・家族給・物価給などの生活給は78.8％を占めており，「電産型賃金体系」の普及と影響力が確認される。

2.2　職務給の導入

　1960年，日経連は『日本経済の安定成長への課題と賃金問題』と題して「賃金体系の漸進的職務給化」を提唱，翌1961年『新段階の日本経済と賃金問題』において現行の年功賃金体系から職務・職能に応じた部分への移行を主張する。さらに1962年には，『賃金管理近代化の基本方向』で年功賃金の限界と職務給導入を主張する。

　職務給化を早くから進めていた十條製紙を始め，1962年の鉄鋼大手3社（八幡，富士，日本鋼管）は，従来の基本給を存続させた部分的な職務給の採用を提案したのである。このような日本的職務給は，基本的に年功賃金と職務給との「並存型」と年功賃金と職務給を1つにした「混合型」があるが，前者の代表的な企業が八幡製鉄であり，後者は1955年，電産型賃金体系に代わって職務給を導入した東京電力である。

　十條製紙は，1949年「職階給」を導入し，その後1952年本格的に「職務給」を導入するが，1964年大幅に賃金体系の改定を行った。基本給は本給と加給から成り立ち，本給は職務価値に応じた職務給になる。加給は年功的要素を取り入れたもので，本給の50％を限度として定期昇給積み上げとしている。

　このように年功賃金の矛盾からの脱皮の試みとして導入された日本的職務給は，その賃金体系としては年功賃金的な運用面を強く残している。すなわち並存型では基本給部分に年功賃金的な性格が強く現れているし，混合型では職務給そのものがかなり大きな年功的昇給幅をもっているのである。

2.3　職　能　給

　職能給は，職務遂行能力に応じて賃金を支払うものであり，日本企業はこれまで運営してきた属人給すなわち年功賃金を補完するものとして，「職能資格制度」が普及されていく。

　職務遂行能力に応じた賃金体系である「職能給」は，1958年，旧日本航空整備，1960年のいすゞ自動車で見られるが，職能給の普及期は1960年代半ばから1970年代半ばまでである。職能資格制度を導入した代表的な企業として日本鋼管（1966），八幡・富士（1967），三菱電機（1968），トヨタ（1969），三井造船・三菱重工（1969）などを指摘している。日本生産性本部（1964）の『職能資格制度調査』，日経連の『能力主義管理に関する企業の実態調査』，旧労働省の『昭和44年賃金労働時間制度等総合調査』などにおいて，職能給が大企業，中堅企業を中心に普及されているのが確認できる。

　日本経済は1970年代に入り，その環境は急変する。1973年の石油ショックで「高度経済成長時代」は幕を閉じ，減量経営を余儀なくされる。特に雇用調整が進み，出向，希望退職，残業削減，季節工・パートタイマーの解雇などを用い，経営効率化の施策で危機を乗り越えようとした。

　このような状況の中で，低成長時代における「能力主義管理の再構築」が要請されるが，その再編の主な理由は次のようなものである。

　第1に企業内ピラミッド構造が変化したことである。「団塊の世代」がピラミッド構造の上を占める割合が増加したことによりコストの圧力を受けるようになったのである。特に10％経済成長の時代が終焉し，3〜5％の安定経済期には企業規模は拡大できず，人事の停滞が起きる。

　第2に大量生産システムの産業構造から多品種少量生産システムに転換したことで，職務・作業組織が変化したことである。

　第3に労働市場の閉鎖性による人事の停滞，優秀な人材の活用や高学歴者の昇進が遅れていることで組織運営が非効率化していることである。

　日経連は1980年に『新職能資格制度』を公刊し，職能資格制度を軸にするトータル人事・賃金システムの再編を呼びかけている。その具体的な施策展開として，①昇進と昇格の分離，②人事・賃金制度のトータルシステム構築，③管理職と管理職以外の施策の分離，④複線型人事制度の導入，⑤人事考課の能力開発・育成の活用，などが指摘されている。

　ところで，職能資格制度とは**図表7−3**に示すように，職務遂行能力を数段階に分けて等級化しその等級の基準を示すことにより，能力開発目標を明示し，同時に賃金や役職配置に結びつけるものである。

図表７－３　職能資格制度のモデル

等級資格	業務の定義		昇格年数（年）最短	標準	最長	昇格基準	初任格付	対応職位
M－10	上級統率業務	管理職能				実績		部長
M－９	統率業務					実績		次長
M－８	上級官吏業務			6		面接		課長
M－７	管理業務			5		試験		
S－６	企画・監督業務	中間	3	5		能力		係長
S－５	判断指導業務	指導職能	2	4	10	レポート		班長・主任
S－４	判断業務		2	3	8	研修		上級係員
J－３	判断定型業務		2	3	5	勤続	大卒	
J－２	熟練定型業務	一般職能	2	2	2	勤続	短大	
J－１	定型・補助業務		2	2	2		高卒	

出所：日本生産性本部（1984）『賃金制度の新設計』。

旧労働省（1987）の実態調査によると，職能資格制度の規模別導入率は100～299人規模38.2％，300～999人規模61.3％，1,000～4,999人規模81.8％，5,000人以上規模88.1％となっており，かなりの企業に職能資格制度が導入されている。さらに社会生産性本部（1994）の調査によれば，職能資格制度を採用している企業は85.2％となっており，職能資格制度を採用していない企業は14.4％で非常に少ない。

一方，職能資格制度が普及する中で，賃金体系の推移を1970年と1980年の時点で見ると，「属人給体系」や「総合給体系」を採用する企業の割合が減少し，仕事給体系を採用する企業の割合が増大している。すなわち1970年には採用率が27.9％だった仕事給体系は，1978年には43.4％へと大きく増えている。属人給体系は17.8％から10.9％へ，また総合給体系は52.7％から45.7％へと減少している。また旧労働省（1989）によると，仕事給・属人給併用型の仕事給50.7％，属人給49.4％となっており，1984年の48.8％，51.2％よりも仕事給部分が増加している。さらに労務行政（1990）の調査結果では，「属人給＋仕事給」の並存型を採用している企業が47.5％と一番多く，「属人給のみ」の企業は21.0％となっている。

2.4　職務等級制度，役割等級制度

　1990年代に入り，バブル経済崩壊後，日本企業の賃金制度はその変化を強いられる。すなわち，成果や業績重視，年俸制の導入，業績連動型賞与などの成果主義へ変わっていく。特に，管理職を中心に，従来の職能資格制度から「職務等級制度」,「役割等級制度」を導入する企業が増えていく。

　職務給制度は，職務の重要度，難易度から職務を評価し，その価値の大きさに応じて職務等級に格付け，「同一職務・同一賃金」の原則に従って職務と能力，職務と賃金が対応づけられている。

　一方，役割給は「こういった職位や役職ならば，こういった働きを期待する」というように，組織階層上の立場にあって企業が期待する「期待役割と，実際にある特定の職位や役職についている担当者が期待役割を基準にしながら各人の才覚によって果たしている「実際役割」があるとされている。すなわち，実際の業務遂行の場面では，目標管理制度を活用して期待役割に応じた業務目標や課題を実際役割として決定し，その遂行度や目標達成度を評価対象とし，その成績の良否によって次年度における役割等級の昇・降格や役割給の昇・降給が決定されていく。また，前年度の総合的な人事評価結果と翌年度に設定する実際役割の評価を通じて，役割等級の昇・降格や役割給の昇・降給を決定していく企業もある。大手企業の場合，80％に近い企業が管理職において職務等級・役割等級制度を導入している。

　しかし一方，このような成果・業績を賃金に連動させる成果主義は，その弊害が指摘される。個人の業績と短期の成果，プロセスは関係なく結果のみを評価基準にすることはチームワークを重視する日本の組織文化との乖離があることや，評価が金銭的報酬のみに偏っていることに対する批判から非金銭的報酬も重視すべきであるという指摘がなされるようになる。

　非金銭的報酬とは職務，責任，達成感，昇進，挑戦，面白い職務のことであり，近年多くの企業はこのような非金銭的報酬を含めて「トータル・リワード」として制度を運用している。特に，非金銭的報酬は企業に対する愛着心や社員同士の絆を高める効果があり，これからの賃金制度は金銭的報酬と非金銭的報酬の両方を重視する制度として展開されている。

2.5　年　俸　制

　日本企業における年俸制の初導入は1969年ソニー，1978年サンスターであるが，年俸制が本格的に導入されたのは1990年代半ば以降の成果主義導入が叫ばれる中，管理職を中心に普及している。年俸制とは，賃金を月額ではなく，年単位で決める賃金形態の1つであり，成果を重視する制度である。その対象は，管理職や専門職など，一般的な社員より業績や責任が明確な社員に適する制度で，1990年代成果主義の普及によって日本企業に導入されているが，その後その是非をめぐる議論があり，現在大手企業40％において導入されている。

　しかし，現在の多くの年俸制は「日本型年俸制」であり，基本的には「基本年俸＋業績年俸」となっており，業績年俸が業績や成果を反映し，賃金の上下がある。すなわち，賞与変動型年俸制である。実際には，これまでの基本給と諸手当を基本年俸にし，賞与を業績年俸にする仕組みとなっている。また，労働基準法第24条第1項に賃金は毎月1回以上，一定期日を定めているので，年俸制の場合は従来の定例賃金12ヵ月分に賞与6ヵ月を加えて18ヵ月分を，12ヵ月分は基本年俸にし，賞与の6ヵ月分を業績年俸として設計している。そして，その年俸額の決定要素は役割値，実績値，期待値であり，目標管理制度を通して，年間の目標達成を評価し，年俸額が決まる。

3　賞与と退職金

　日本企業における賞与と退職金制度は，法的な規制を有していないが長年の慣行として運用されており，欧米諸国とは異なる制度である。現在，賞与は企業によって異なる側面はあるが，大手企業の場合は所定内賃金の4～6ヵ月分が一般的であり，近年は個人業績と組織業績を反映した，成果主義的賞与が多い。また一方，中小企業を含めた小規模の企業は賞与がない企業も少なくないので，規模間格差は大きい。一方，退職金も大手企業および中堅企業の場合は支払われているが，ほぼ40％の企業は退職金がない。また，退職金は退職する際に一時金として支払われる場合と，企業年金として支払われる場合など企業ごとにその内容は異なる。

3.1　賞　　与

　賞与は，一般的に年2回，6月と12月に支払われる。支給額は，所定内賃金が基準になるので，その額が多く，企業は総額人件費管理，手当管理などを通して，所定内賃金を管理している。近年は，成果主義の影響を受け，従業員各自の業績評価と組織全体の業績を評価し，その金額を調整する企業が多い。一部の企業では，業績評価結果によっては，毎年30％まで賞与が上昇する場合と30％まで賞与が減額される企業もある。基本的には，賞与は完全リンク方式と部分リンク方式，固定賞与と業績連動型賞与がある。

　完全リンク方式は，賞与を完全に業績連動で決める方式であるが，現在の日本企業においてはそれほど見られない。一方，部分リンク方式は固定賞与と業績連動をさせる方式であり，現在多くの企業が導入している。固定賞与は，これまでの長年の慣行や働く従業員の生活維持の側面から賞与の原資の70％程度を固定して支払うことであり，一方その残りを業績と連動して決めるのが業績連動型賞与である。具体的に，賞与の配分は一般的に生計費維持を考慮した定例賞与と企業業績・個人業績を反映した業績賞与がある。また，その算定基準は基本給と基本給に一部の手当を加味して基礎額を決め，支給月数を決める。そして，個人評価を行い，査定結果に応じて業績賞与支給月数分を掛ける方式である。

　しかし，賞与をめぐって，労使の視点は異なる。労働側は，賞与は賃金と同じように労働の対価として，企業は支払われる義務があるという立場である。すなわち，賃金別払い説である。賃金別払い説の原点は江戸時代の商家の奉公人に対する盆・暮のもち代を原型に，明治時代の工員に対する精・皆勤賞与を賃金とする一方，企業側は企業に対する貢献として，功労報酬の立場をとっている。

3.2　退　職　金

　退職金制度は，一般的に江戸時代の三井の暖簾分けがその起源であるというのが定説となっている。退職金をめぐっても諸手当と同様に議論が分かれている。退職金は賃金の一部であり，在職中の賃金が退職するときに支払われると

いう「賃金後払い説」，企業側は在職中の労をねぎらう意味で支払っているという立場の「功労報償説」，退職後の従業員の生計を補助するという立場の「生活保障説」がある。実際，中小企業を中心とした40％企業は退職金を払っていないし，500万円未満しか払っていない企業も15％ほど存在するので，退職金は大手企業を中心とした制度である。

　現在，退職金は退職一時金や退職年金（確定給付型年金と確定拠出型年金）として支払われている。従来の算定方式は，算定基礎額に支給率を掛けて算出する。すなわち，従業員の勤続年数，退職金は低成長時代と従業員の長期勤続化の影響を受け，算定方式の見直しや退職一時金と退職年金を併用する企業が多い。たとえば，退職金の増大を抑制するために支給率を引き下げること，算定基礎額を基本給と切り離し，別途の退職金算定基礎額表を用いる場合，ポイント制退職金制度を運用している。ポイント制退職金制度は，成果・業績の人事評価ポイントと退職金を連動させており，会社の貢献度に応じて退職金も異なる仕組みである。

　一方，1990年バブル崩壊後の人事制度改革と会計基準の国際化による退職金給付債務問題が企業の財務体質を悪化させることから政府は改革に乗り出し，2001年10月「確定拠出年金法」，2002年4月「確定給付企業年金法」を制定する。前者は，1980年代後半からアメリカで急速に拡大した「401Kプラン」をモデルにしている。「日本版401K」と呼ばれる確定拠出年金は，あらかじめ企業側が毎月の掛金を決め，積立金の運用実績の結果で将来の年金給付額が決まる仕組みであり，従業員が転職する際にはその個人口座を転職先に持っていくことができる。後者は，従来の厚生年金や適格退職金の問題を解決するために導入され，長引く不況による運用利益の低迷で社員に対する確定給付ができなかったことに対して，給付に必要な資金の準備状況を確認できるようにする仕組みである。

　2017年のりそな企業年金研究所の調査では，大手企業の場合，退職金一時金制度のみ5.5％，退職金年金制度のみ8.3％，両制度の併用が86.2％となっている。中小企業の場合，退職金一時金制度のみ70.4％，退職金年金制度のみ3.7％，両制度の併用が25.9％となっている。大手企業の場合は，両制度を併用して運営しているが，中小規模は退職金一時金制度のみを運用している企業が多い。

4　福利厚生

　日本企業の福利厚生施策は，明治初期の紡績工場における女子労働者に対する寮の提供などが最初であるといわれている。その後，1924年の財団法人協調会の調査で，福利厚生施策として，①教育，②慰安・娯楽，③衛生，④扶助，⑤手当，⑥貯蓄，⑦住宅などがあげられている。

　しかし，本格的施策は戦後であり，1973年福祉元年として，社会福祉制度が充実されていく。現在，福祉政策は国が行う「社会福祉」（公的福祉），企業が行う「企業福祉」，労働組合が行う「労働者福祉」に大別される。一般的に企業福祉は，法定外福利であり，住宅，寮，共済会，社内旅行，運動会，慶弔見舞金などの多様な制度が運営されている。一方，近年は少子高齢化，女性の社会進出，雇用の流動化などにより再構築されている。近年，充実されている分野は社員の健康管理，介護・看護，共済会などであり，縮小・廃止されている分野は運動会，社内預金，寮，社員旅行などである。また，選択的福利厚生制度として，多くの企業がカフェテリアプランを導入し，生活支援，託児支援，医療支援，介護支援，財形支援をポイント制にし，従業員のニーズを考慮した施策が展開されている。

現代日本の
人的資源管理の課題

第Ⅱ部の概要

　今日の経済先進諸国では，重化学・製造業中心の産業構造から，環境，エネルギー，健康・医療，生活・文化，教育，レジャー，セキュリティ，運輸・コミュニケーション，コンピュータ・ソフト，情報サービス等々サービス産業中心の産業構造に変化している。そして，こうした時代におけるビジネスの競争優位の鍵となるのが，通俗的な言い回しではあるが「社員力」といわれるものである。たとえば，対面的な折衝やコミュニケーションが要諦になる販売・営業の現場（B to Cビジネス）では，顧客の疑問や要望を的確に把握した回答や対案の提示が顧客満足を導き，その結果リピーターとして顧客を取り込むことができる。またメーカー営業などの場合（B to Bビジネス）でも，顧客ユーザーに製品単品を売り込む御用聞きセールスではなく，顧客ユーザーの抱える問題やニーズを理解しシステム的な問題解決策の提案を行うコンサル型営業，すなわちソリューション・ビジネスの形で商談を進めていくことが求められている。

　こうした知的労働者である従業員の価値ある質の高いパフォーマンスが競争優位の不可欠な要件になる状況が一般化していく中で，価値ある従業員パフォーマンスが生まれる前提には従業員満足が実現されていなければならないとされる認識が強化されている。それを端的に示すのが，今日的なマーケティング領域で提案されている「サービス・プロフィット・チェーン」（service-profit chain）の考え方である（図表Ⅱ－1を参照）。それによれば，従業員満足の向上が顧客満足と顧客ロイヤリティを高め，結果的に企業収益を向上させる好循環を生み出すという。そしてこの図で留意すべき点は，この循環サイクルの起点となる「従業員満足」（employee satisfaction）を生み出す「社内サービスの品質」の実体として人的資源管理の実践が示されていることである。すなわち「良き人的資源管理」の実践を通じて生み出される「従業員のいきいきとした働き方」が顧客を魅了する質の高いパフォーマンスとして現れ，それが顧客満足を導くとされるのである。

　本書第Ⅱ部「現代日本の人的資源管理の課題」では，こうした認識を基礎に

図表Ⅱ-1 サービス・プロフィット・チェーン

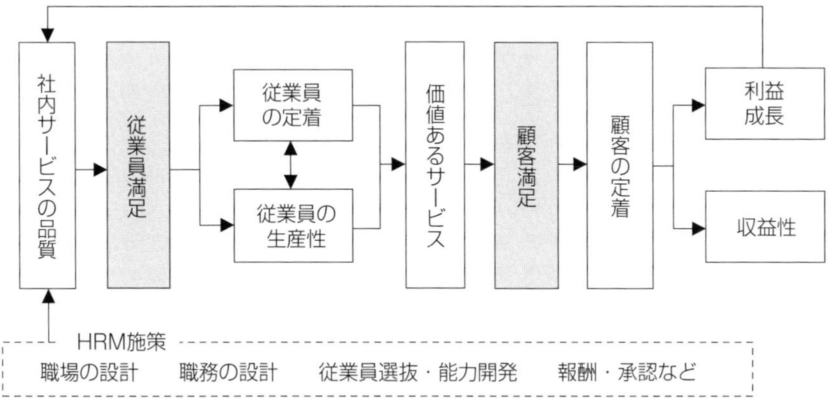

社内サービスの品質 → 従業員満足 → 従業員の定着 ⇅ 従業員の生産性 → 価値あるサービス → 顧客満足 → 顧客の定着 → 利益 成長 / 収益性

HRM施策
職場の設計　職務の設計　従業員選抜・能力開発　報酬・承認など

出所：Heskett et. al.（2008）を参照し筆者作成。

置き,「従業員の企業・職場・仕事に対する人間的な期待や要求」の総体的な概念を従業員満足と理解し, こうした従業員満足の視点から現代日本の人的資源管理が抱える課題を浮かび上がらせ考察を加えていきたい。

　まず「生活満足」（life satisfaction）とは, 労働生活のみならず私生活も含む生活そのものに対する従業員の期待や要求を内容とする。失業への怖れがなく雇用が安定しているとともに, 生活できる適正な収入が継続的に獲得できる期待が持てること, さらに労働生活と私生活がバランスよく保たれていることが中心的な内容である。そこで第8章では, 日本の長時間労働問題を視野に入れた「ワークライフバランス」について, そして第9章では今日の日本の労働の質の悪化から生まれる「働く貧困層」問題を視野に入れた「ディーセントワーク」について見ていきたい。

　次に,「職務満足」（job satisfaction）とは, 職務そのもの, 職務遂行過程, そして職務遂行結果に関わる従業員の期待や要求を意味する。やりがいと能力的な成長が感じられる人間らしい仕事ができること, またそうした機会を得られる制度的な体制が整っていること, そして仕事の結果に対して納得がいく公正な評価と処遇がなされることが中心的な内容である。そこで第10章では, 終身雇用慣行が崩れ, キャリア開発の自己責任が強調される今日的状況を視野に

　入れた「若年層のキャリア」問題について，そして第11章では，従業員にやりがい報酬を意識させて金銭報酬の抑制や無償の長時間労働を強いるブラック企業問題を視野に入れた「やりがい搾取」について考えていく。

　第3に「職場満足」（workplace satisfaction）とは，自ら所属し仕事をしていく職場に対する期待や要求である。ケガや疾病といった身の危険から解放され，精神的にも快適な職場環境で仕事ができること，そして上司・同僚・部下といった職場仲間との円滑なコミュニケーションがあり，チームワークが感じられる良き人間関係が形成されていることが中心的な内容である。そこで第12章では，職場の人間関係を悪化させ，精神的な労働環境の質的低下を招く「ハラスメント」問題について，そして第13章では，雇用形態・性別・国籍・障害の内容・個人的事情（育児，介護など）など，多様な属性や事情を持つ従業員が一緒になって協働する職場が増える中でいかに「ダイバーシティ」を実現していくかについて述べていく。

　最後に「企業満足」（corporate satisfaction）だが，上記3つの生活・職務・職場満足の充足を通じ，さらには民主的な労使関係から生まれる企業そのものに対する信頼感や，CSRの実践等による企業の社会的評価の高まりを通じ企業の一員として高いコミットメントを感じ，「会社に誇りが持てること」が主な内容になる。そこで第14章では，労働諸法の遵守に終始する「労働コンプライアンス」をCSRとする認識に釘をさし，真の「労働CSR」について提案をしていきたい。

第8章
ワークライフバランス

「労働なくしては，人生はことごとく腐ってしまう。だが，魂なき労働は，人生を窒息死させてしまう」とカミュが述べているように，仕事と生活とを調和させ，人生をより豊かで彩りのあるものにすることは，私たちにとって重要なことである。本章では，調和がとれた生活を困難にしている状況，課題および取組みを概観する。

1　ワークライフバランスとは

日本のワークライフバランスの取組みは，欧米各国と比較して10年以上遅れているといわれている。少子高齢化と人口減少は，社会保障を含め様々な分野に影響を与えるが，日本において，人口減少および少子高齢化が経済活動に影響を与える重要な課題として，危機感を持って認識されるようになったのは21世紀になってからのことである。特に，労働力不足および経済活力低下の観点から政策的な取組みが本格化したのは2007年である。

2007年にワークライフバランス推進官民トップ会議が開催され，「仕事と生活の調和（ワークライフバランス）憲章」および「仕事と生活の調和推進のための行動指針」（内閣府）が同年12月に制定された。それに先立って，内閣府「子どもと家族を応援する日本」重点戦略会議が6月に，内閣府・男女共同参画会議「仕事と生活の調和に関する専門調査会」が7月に開催されている。

なお，2004年6月に開催された厚生労働省「仕事と生活の調和に関する検討会議」では，ワークライフバランスを「個々の働く者が，職業生活の各段階に

図表8－1　少子化による社会的・経済的影響への組織の対応

【経済・社会環境の変化】

- 人口減少
  65歳以上人口の増加，出生率の低下，労働人口の減少，若年労働力の急減
- ライフスタイルの多様化
  共働き世代の増加
  仕事と生活の両立希望者の増加
- 急速なグローバル化

- 国内市場の縮小
  GDP の縮小の可能性減
- 消費傾向の変化
  商品・サービスへの消費者ニーズの多様化
- 国際競争の激化

【企業の生産性維持・向上のための対応】

① 新規事業の開発
② 高付加価値製品へのシフト
③ 多様な価値観の情勢
④ 創造性豊かな人材の確保
⑤ グローバル・マーケットへの進出
⑥ 全従業員（若年者・高齢者・女性を含めた）の能力開発　等

【イノベーションを起こすことのできる職場風土創りのためには】

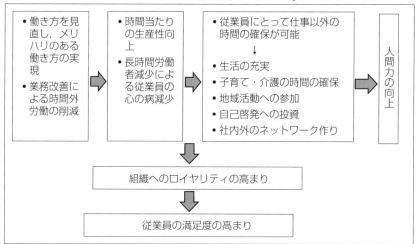

- 働き方を見直し，メリハリのある働き方の実現
- 業務改善による時間外労働の削減

- 時間当たりの生産性向上
- 長時間労働者減少による従業員の心の病減少

- 従業員にとって仕事以外の時間の確保が可能
  ↓
- 生活の充実
- 子育て・介護の時間の確保
- 地域活動への参加
- 自己啓発への投資
- 社内外のネットワーク作り

人間力の向上

組織へのロイヤリティの高まり

従業員の満足度の高まり

出所：日本生産性本部（2015）『ワーク・ライフ・バランス実践ハンドブック（改訂2版）』。

おいて自らの選択により『仕事生活』と家庭・地域・学習等の『仕事以外の活動』を様々に組み合わせ，バランスのとれた働き方を安心・納得して選択していけるようにすること」と定義している。本章は，この定義をもとにする。

1.1　少子高齢化と人口減少

　ワークライフバランスが政策的課題となった背景にある少子高齢化と人口減少の状況を簡単にまとめる。

　1967年に厚生省（当時）人口問題研究所が発表した人口推計において，少子高齢化傾向が懸念されてからすでに半世紀が経過している。

　生産年齢人口（15〜64歳人口）は，1970年7,212万人，2015年7,629万人に対して，2060年には4,418万人（51.0）と人口の半数程度に減少すると予測されている（1970年および2015年は実績値，2060年は推計値）。14歳以下人口は，2050年には1970年の約30％に減少，65歳以上人口は約4.5倍に増加，出生数は25％に減少すると推計されている（**図表 8 − 2**）。合計特殊出生率も1975年に2.0を下回ってから一貫して低下し続け，2005年に過去最低の1.26を記録した。2018年は1.42に上昇したものの，出生数は約92万人（2005年は約106万人）と過去最低を更新した。

　20世紀後半に，生産年齢人口が減少したことへの対応として女性の職場進出が求められたが，労働環境の整備が不十分であったことから少子化がさらに進行したため，職業生活と家庭生活・個人生活との調和に焦点が当てられ，ワークライフバランスが人的資源管理の課題としても取り上げられるようになった。

　OECD加盟国の女性労働力参加率と出生率に関する分析をした山口（2009）

図表 8 − 2　人口動態

	1970年	2015年	2060年（推計値）
生産年齢人口（15〜64歳）	7,212万人	7,629万人	4,418万人
人口に占める割合	69.8％	60.7％	51.0％
14歳以下人口	2,515万人	1,589万人	791万人
人口に占める割合	24.0％	12.6％	9.1％
65歳以上人口	739万人	3,347万人	3,464万人
人口に占める割合	7.1％	26.6％	39.9％
出生数	193万人	101万人	48万人

出所：社会保障・人口問題研究所（2017）より著者作成。

は，柔軟な働き方を可能にする制度，「職場と労働市場の柔軟性」と，保育制度・育児休業制度などの「育児と仕事の両立度」を上げる制度が，出産による就業の中断に対するマイナス効果を和らげてきたとし，特に「職場と労働市場の柔軟性」の効果が高いことを指摘した。また，筒井（2015）は，工業化に代表される近代化の中で，ほぼすべての経済先進国が多産多死から少産少死の状態への人口転換という人口変動を経験してきたことを指摘した上で，今日，多くの先進国で問題となっている少子化は，人口水準を維持する出生率（人口置換水準）が1970年前後に2.0を大幅に割り込んだことにあると述べた。

　筒井（2015）は，アメリカ・スウェーデン・ドイツ・日本の4カ国の出生率の推移を比較しているが，アメリカとスウェーデンの出生率は回復したのに対し，日本とドイツは下回ったままであることを指摘し，アメリカとスウェーデンでは，「ある時点から，女性が働くことが出生率にプラスの効果を持つようにな」り，それは女性にとっての仕事と家庭の両立可能性が高まることによってもたらされたとする。民間企業主導型の柔軟な働き方により女性が仕事と子育てを両立しやすくなったアメリカでは1977年以降に，公的両立支援制度の充実により仕事と子育ての両立が可能となったスウェーデンでは1984年以降に女性の労働力参加率が出生率に正の影響を持つようになった。それに対してドイツでは，「長引く不況による男性雇用の不安定化と（それにもかかわらず）持続する性別役割分業体制の影響で，出生率が伸び悩ん」だとする。

　日本では，1986年の男女雇用機会均等法施行を契機に女性の職場進出は進むものの，仕事と家庭生活を調和させることが困難な労働環境であったこと，（今なお残る）性別役割分業意識のもとで，結婚・出産・育児などのライフ・イベント時に，それらを理由とした離職が多く見られた。1991年に育児休業法（1995年に育児・介護休業法に改定）が制定されたが，恒常的な長時間労働や，賃金および昇進・昇格における男女格差が是正されなかったことから，ライフ・イベントを契機とする離職は抑制されることはなかった。

　さらにドイツでは，より良い職に就くために教育期間が長期化したこと，就職後の昇進時期が遅くなったことなども晩婚化および少子化を進めたといわれている。日本でも同様の傾向はあるが，それらに加えてライフスタイルや価値観が多様化する中で未婚者の比率が高まっていることも影響していると思われ

る。筒井 (2015) は，アメリカやスウェーデンでは女性が仕事と家庭を両立で
きる環境があり，かつ男性雇用が不安定化している中で同棲を含むカップリン
グ戦略の結果として少子化が克服されたのに対し，日本も男性雇用の不安定化
は同様ではあるものの，女性の仕事と育児の両立可能性が低いため，若者は結
婚せずに親との同居を選択したことによるものであると述べている。また，婚
外出生率の低い日本では未婚率の上昇は出生数に大きく影響する。

1.2 労働時間と労働生産性

次に，ワークライフバランスを阻害する要因の1つといわれている労働時間
について取り上げる。

OECD加盟国の2016年の1人当たり平均年間総実労働時間（雇用者）を見る
と，日本は，韓国 (2,052時間：以下数字のみ)，アメリカ (1,789)，ニュージー
ランド (1,740) に次ぐ1,724時間であった。最も少ないのはドイツ (1,298) で，
オランダ (1,359)，フランス (1,383)，デンマーク (1,416)，ベルギー (1,426)
の順である（労働政策研究・研修機構，2018）。なお，日本経済団体連合会
(2019) の調査によれば，2018年の年間総実労働時間（一般労働者）は1,998時
間であり，前述の平均年間総実労働時間（雇用者）とは200時間近くの差異が
ある。労働時間関連の公的統計である，事業所を対象とした事業所調査（毎月
勤労統計調査や賃金構造基本統計調査）と各世帯の就業状況を尋ねる世帯調査
（労働力調査等）との間にも労働時間の差異は常にあるが，上記調査結果はそ
れを上回る。労働時間として計上されていないサービス残業等が含まれている
可能性も高く，労働負荷は軽減されていないことが推測できる。

2019年に日本生産性本部が発表した「労働生産性の国際比較2019」によれば，
日本の時間当たり労働生産性および1人当たり労働生産性ともOECD加盟36カ
国中21位である。また，1970年以降，主要先進7カ国中最下位という状況が続
いている。

ワークライフバランス先進国ともいわれる北欧各国では，午後3時頃から帰
宅ラッシュが始まる。筆者が夕方にデンマークの日系企業を訪問した際も，オ
フィスに残っていたのは駐在スタッフのみであった。デンマークの人々は，家
族や友人たちと居心地のよい空間でゆったりと過ごすことに最も価値をおくと

いわれ，居心地のよい時間や空間を指すヒュッゲ（Hygee）という言葉が会話の中でもよく使われていた。職務範囲および職務に対する権限と責任が明確であり，労働時間を含めて自分自身でコントロールできることから，できるかぎり短い時間で成果を出すために，最大限の工夫と努力をするデンマークの人々の労働生産性は高い。スウェーデンやフィンランドでも同様に，「大切な人たちとゆっくりと時間を過ごすこと」に価値をおく。最低限の労働時間（労働投入量）で成果をあげるということが彼らにとっては当たり前の働き方なのである。

　日本においても，限られた時間内で集中力を発揮し成果をあげること，長期にわたる長時間労働等で心身の健康を損なうことなく，高い意欲を持って仕事ができるように労働環境を整えること，多様な労働観・人生観に対応できるようにいることが今日の企業に強く求められている。

2　ワークライフバランス概念の導入

　平澤・中村（2017）は，1930年にケロッグ社が1日6時間，週4日制のシフトを導入し，従業員の士気・効率を向上させたケースがアメリカにおけるワークライフバランスの端緒であるとする。その後，「職業生活と家庭生活がより一層密接になった1980年代のアメリカ社会の家族社会」に基づきワークライフバランスの取組みが展開されていったこと，特に「女性の社会進出増とともに保育問題が浮上したことから，レーガン政権は企業による保育所支援を喚起し，税控除策を提供して企業の保育所支援を推進した」と述べている。

2.1　ファミリー・フレンドリーからワークライフバランスへ

　1986年に『ワーキングマザー』誌が「働く母親のための優良企業」特集を組み，それ以降，毎年ファミリー・フレンドリー100社ランキングを発表し，企業表彰を行ったことで，アメリカ社会に「ワーク・ファミリー文化」が根付いたといわれている（平澤・中村，2017）。仕事と家庭への支援に注目し，企業の柔軟性や職場環境・条件，従業員への報酬等でランクづけを行う中で，家族支援に取り組む優良企業が「ファミリー・フレンドリー（家庭・家族に優し

図表8－3 ワークライフバランスの背景

1970年代後半～1980年代前半　　　1980年代後半　　　　　　　1990年代～

ワーク・ファミリー
Work and Family
Work-Family

Work-and-Life Balance
Work-Life Balance

ファミリー・フレンドリー
Family-Friendly

ワーク・ライフ・バランス
Work/Life Balance
Work-Life Balance

出所：平澤・中村（2017）『ワークライフバランスと経営学』5頁をもとに筆者加筆訂正。

い）」企業として社会的に認知されたことから，民間企業が従業員をサポートする役割を担うようになっていった。

　上記のような取組みによってアメリカ社会では，1980年代後半からファミリー・フレンドリーというフレーズが一般化し，その後，1990年代後半に個人ニーズへの対応が重視されるようになったことからワークライフバランスというフレーズが用いられるようになった（**図表8－3**）。

　平澤・中村（2017）は，ワークライフバランス概念が日本に導入された段階を次の3つに分けている。第1に，アメリカを参考に導入された段階である。当時は子育てに関する部分が強調されたために，主に女性を対象としたものとして捉えられた。第2に，2003年以降，具体的な子育て支援施策として紹介・普及し始めたことで，より幅広い概念が紹介され，男性の育児も同時に検討されるようになった段階である。第3に，未来志向的ワークライフバランスとして，実現可能な計画や方策をともなう，より現実な生活面に即した内容のものへとシフトするようになった段階である。

　なお，経済同友会（2008）は，ワークライフバランスは，「仕事」と「生活」を対立的に捉え，二律背反であるかのような印象を与えること，少子化対策・子育て支援策というイメージが強いけれども，「今後は，高齢者の活用，キャリアアップを志向する若年者等を含めた幅広い働き方全般の見直しと捉えるべきである」とし，ワーク＆ライフ インテグレーションという概念を提起した。ワーク＆ライフ インテグレーションとは，「会社における働き方と個人の生活を，柔軟に，かつ高い次元で統合し，相互を流動的に運営することに

よって相乗効果を発揮し，生産性や成長拡大を実現するとともに，生活の質を上げ，充実感と幸福感を得ることがめざすもの」であるとしている。

2.2　仕事と生活の調和（ワークライフバランス）憲章

　1986年の男女雇用機会均等法，1991年の育児休業法（1995年育児・介護休業法に改正）に続き，1999年には男女共同参画社会基本法が制定され，その一環として厚生労働省によるファミリー・フレンドリー企業表彰（2007年からは均等・両立推進企業表彰）が始まった。2003年の次世代育成支援対策推進法は，男性も対象とした育児支援の取組みを含めた働き方の根本的な見直しを視野に入れたものであった。

　2004年に「仕事と生活の調和に関する検討会議」（厚生労働省），2007年6月に「子どもと家族を応援する日本」重点会議（内閣府），7月に「仕事と生活の調和に関する専門調査会」（内閣府・男女共同参画会議）が開催され，12月に「仕事と生活の調和（ワークライフバランス）憲章」および「仕事と生活の調和推進のための行動指針」（いずれも内閣府：以下，ワークライフバランス憲章および行動指針）が制定された。ここでは，ワークライフバランス憲章の制定理由を，以下引用して紹介する。

　　　我が国の社会は，人々の働き方に関する意識や環境が社会経済構造の変化に
　　必ずしも適応しきれず，仕事と生活が両立しにくい現実に直面している。誰も
　　がやりがいや充実感を感じながら働き，仕事上の責任を果たす一方で，子育て・
　　介護の時間や，家庭，地域，自己啓発等にかかる個人の時間を持てる健康で豊
　　かな生活ができるよう，今こそ，社会全体で仕事と生活の双方の調和の実現を
　　希求していかなければならない。
　　　仕事と生活の調和と経済成長は車の両輪であり，若者が経済的に自立し，性
　　や年齢などに関わらず誰もが意欲と能力を発揮して労働市場に参加することは，
　　我が国の活力と成長力を高め，ひいては，少子化の流れを変え，持続可能な社
　　会の実現にも資することとなる。
　　　そのような社会の実現に向けて，国民一人ひとりが積極的に取り組めるよう，
　　ここに，仕事と生活の調和の必要性，目指すべき社会の姿を示し，新たな決意
　　の下，官民一体となって取り組んでいくため，政労使の合意により本憲章を策
　　定する。

　人々の生き方や考え方が変化したのにもかかわらず，企業あるいは社会の仕

組みや価値観がそれに対応できていないこと，特に，男女の固定的な役割分担意識が残っていることをも指摘し，「働き方や生き方に関するこれまでの考え方や制度の改革に挑戦し，個々人の生き方や子育て期，中高年期といった人生の各段階に応じて多様な働き方の選択を可能とする仕事と生活の調和を実現しなければならない」とし，以下のような方向性を示している。

第1に，就労による経済的自立が可能な社会である。経済的自立を必要とする者，とりわけ若者がいきいきと働くことができ，結婚や子育てに関する希望の実現などに向けて暮らしの経済的基盤が確保できる社会である。

第2に，健康で豊かな生活のための時間が確保できる社会である。働く人々の健康が保持され，家族や友人などとの充実した時間，自己啓発や地域活動への参加のための時間などを持てる豊かな生活ができる社会である。

第3に，多様な働き方や生き方が選択できる社会である。性や年齢などにかかわらず，誰もが自らの意欲と能力を持って様々な働き方や生き方に挑戦できる機会が提供されており，子育てや親の介護が必要な時期など個人の置かれた状況に応じて多様で柔軟な働き方が選択でき，しかも公正な処遇が確保されている社会である。

ワークライフバランス憲章および行動指針が制定されてから10年以上が経過したが，そこで指摘された課題は今もって解決していない。近年，「働き方改革」という名のもとに，様々な指摘や提案等が示されているが，ワークライフバランス憲章や行動指針で指摘された内容と大きな違いはない。当時も今も，労働時間削減や各種制度の導入などにとどまり，本来の趣旨である健康で豊かな生活を実現するための具体的な取組みとはなっていないのが現状である。

3　ワークライフバランスの取組み

いまだに女性を対象とした取組みとして捉えている人も多いが，ワークライフバランスはすべての人を対象とした取組みである。家庭での役割が職場における役割の達成を阻害し，職場での役割が家庭における役割の達成を阻害することのないよう十分に検討する必要がある。

男性と比較して多様な役割と選択肢を持つことの多い（そのように仕向けら

れているともいえる）女性が無理なく納得して活躍することのできる職場は，多くの人にとっても快適な職場となろう。長時間労働を前提としない働き方，家族と離れて生活することになる転勤・単身赴任・出張の制限など，生活領域に影響を与えない柔軟で働きがいのある職場づくりが重要となる。

　多様な働き方が選択できることを前提とし，適材適所を実現するマッチング機能の強化，それにともなう人材流動化と雇用機会の拡大によって，ワークライフバランスの実現可能性は高まる。ワークライフバランスを実践できる企業は，より能力と意欲のある人材を雇用することができ，それら人材が持てる力を十二分に発揮し活躍できれば，企業の生産性はおおいに向上しうると考えられる。

3.1　ワークライフバランスの推進

　2007年から，ワークライフバランス推進会議と日本生産性本部は，「ワークライフバランス大賞」を発表し表彰している。これは，企業・自治体・労働組合等でのワークライフバランスを推進する自発的活動や創意工夫のある取組みを活性化するとともに，その普及・啓発を図ることを目的としたものである。「ワーク・ライフ・バランス大賞」の８つの募集テーマは，ワークライフバランスに取り組む際の指針ともなる（**図表8－4**）。

　家族形態の多様化，性別役割分業意識の変化，仕事と育児および仕事と介護の両立可能性，労働観・人生観などの価値観の変化などを背景に，男女ともに仕事と生活の調和を実現できるような働き方が求められているが，それを可能にする取組みは，個人の生活だけでなく仕事に関する満足度を大きく左右するものとなる。「ワーク・ライフ・バランス大賞」の募集テーマも参考に，どのような取組みが実施されているかを，以下，簡単にまとめる。

　第１に，両立支援である。保育・介護サービスの紹介，保育・介護サービス利用料の補助，企業内保育所の設置を含む育児・介護支援制度の充実や，出産・育児・介護等の休暇取得中および復職時への支援等がある。

　第２に，柔軟な働き方を可能とする制度の導入である。フレックスタイムや短時間勤務，在宅勤務（フレックスプレイス），裁量労働制，ジョブ・シェアリングや，休暇・休業の有給化，長期休暇制度の拡充，有給休暇のストックを

図表8-4　ワーク・ライフ・バランス大賞の募集対象となるテーマ

1．働き方
　　人材の多様化に対応し，柔軟な働き方を可能にした事例や生産性向上をめざした業務の見直し，時間外労働の削減などで成果をあげている。
2．経営
　　ワークライフバランス推進を経営方針として位置づけ，経営トップがリーダーシップを発揮して成果をあげている。
3．地域活動
　　地域活動への社員の参加支援などを行い，地域活性化に貢献・成果をあげている。
4．子育て
　　育児支援制度や復職支援制度の整備・運用を行い，柔軟な働き方の実現や離職率の低下などの成果をあげている。
5．家庭・家族
　　家族（子ども・親など）とのコミュニケーションを支援する取組みを行い，成果をあげている（家族による職場見学など）。
6．介護
　　介護を必要とする従業員の支援として，短時間勤務制度や休暇制度の整備・運用の工夫を行い，成果をあげている。
7．自己啓発・趣味
　　自己啓発を促すため，長期有給休暇，有給休暇，ボランティア休暇などの整備や取得率を高める工夫を行い，成果をあげている。
8．健康
　　休暇制度の充実，健康管理，メンタル予防，職場への復帰支援などの整備・運用の工夫を行い，従業員の健康増進に効果を表している。

出所：ワークライフバランス推進会議・日本生産性本部。「第8回ワーク・ライフ・バランス大賞応募
　　　要領」をもとに筆者加筆訂正。

含めた柔軟な活用等，その時々の状況に応じて柔軟に働くことを可能とするような制度である。

　第3に，業務の見直しである。長時間労働の一因でもある，所定労働時間内には終わらないほどの業務量は，企業および管理職層の管理能力欠如の証左ということができる。ゼロベースでの業務の見直し，業務・作業工程の見える化，業務効率化の他，会議の効率化や不要不急の出張の見直し等が含まれる。

　第4に，従業員の心身の健康維持である。休暇（有給休暇を含む）の取得促進，メンタルヘルスケア，教育情報および機会の提供，キャリアプランの相談や家庭生活上のカウンセリング等を含むEAP（Employee Assistance Program）等である。また，従業員家族の支援として，転勤時の生活情報の提供や，転勤先での配偶者への職の紹介等もある。

3.2　ワークライフバランスを推進する上での課題

　人によって「ワークライフバランスがとれている状態」は異なる。ライフ・ステージ，キャリア・ステージ，ライフ・イベント，ライフ・サイクルによって当然変化する。必ずしも仕事と生活が50：50でバランスがとれた状態である必要はなく，中長期的な視点から本人が納得する状態であることが前提となる。

　ワークライフバランスを推進することにより，従業員満足度や生産性が向上する，イノベーションが起こる等がメリットとして強調されることも多い。経営者あるいは管理職層への説得材料としてそのような主張をする場合もあるとは思うが，働く人々の意向を尊重し，企業が一方的に制度を押し付けることのないよう留意する必要がある。

　最後に，ワークライフバランスを推進する上での課題として，ここでは3点あげる。

　まず，ワークライフバランスの阻害要因の第1は日本的雇用慣行であるということである。佐藤他（2019）が指摘するように，ワークライフバランスの実現は，働き方の見直し，さらにそれを規定する労働市場の改革と結びついている。とりわけ，「頻繁な配置転換，転勤とか，慢性的な長時間労働とか，非常に拘束性の高い働き方」（山口・樋口，2008）や，「夫が家庭のことを顧みずに会社のことだけにすべての時間を注げるように，奥さんも一緒に雇っている」状態のような専業主婦モデルの見直しを，という問題提起は重要である。

　第2に，キャリア・ストレスにつながるワーク・ファミリー・コンフリクトである。ワーク・ファミリー・コンフリクトとは，仕事と家庭を両立しようとする際に生じる葛藤のことである。女性パートタイマーを対象とした調査では，通勤時間や勤務時間が長いほど，また，夫と同居しており，小学生・中学生の子どもの数が多いほどワーク・ファミリー・コンフリクトが高まることが示された。男女正規従業員を対象とした調査では，ワーク・ファミリー・コンフリクトを，①家庭→仕事葛藤（家庭からの欲求が職場での達成を阻害する葛藤），②仕事→家庭葛藤（職場からの欲求が家庭での達成を阻害する葛藤），③時間葛藤（仕事と家庭・育児等で時間がなく慌ただしいことからの葛藤）の3つの下位尺度で測定している。共働き・女性群，共働き・男性群，妻専業主婦・男

性群の比較では，家庭→仕事葛藤，仕事→家庭葛藤は共働き・女性群で最も高いという結果が示された。また，ワーク・ファミリー・コンフリクトは，就業形態にかかわらず，男性よりも女性の方が高いことが示されている（金井，2006）。

　第三に，職場内での不満である。各種休暇制度を利用する場合，職場の理解が不可欠となる。取得する際の最も大きな課題はその代替要員であるが，要員の確保と引き継ぎがそれなりにうまくいったとしても，残る職場のメンバーに全く負担がないとはいえないからである。代替要員が手当てされなければ，残されたメンバーに不満が蓄積される。そのような状況が放置されれば，どんなに良い制度を準備していたとしても利用することを躊躇するであろうし，離・転職を検討することにもつながるであろう。

　日本では，多くの場合，業務分担にのり代があり，チームで補完しあいながら業務遂行し，顧客や他部署の要請に応えようとする。そのような対応を当然視する企業や職場では特に，ワークライフバランスをとることは難しいものと思われる。ワークライフバランス憲章の制定理由にもあるように，働き方を変える取組みを本気で実践しなければ，ワークライフバランスは単なる理想（幻想）となるであろう。小手先の対策・対応ではない，本当の意味での「働き方改革」が実現することを期待したい。

第9章
ディーセントワーク

「働かざる者食うべからず」という言葉がある。人は生きていくためには働く必要がある。しかし働いている者が食えないとしたら，どうだろう。現代日本において労働環境の悪化が指摘され，長時間労働や低賃金労働の問題がその代表的なものである。非正規雇用が拡大する中で，その問題性は拡大しつつあるといえよう。本章では，その対応策としてディーセントワークという考え方を紹介したい。さらに低賃金労働の問題を考える上でワーキングプアを手がかりにしながら貧困の問題について考えてみたい。

1　現代日本で働くということ

1.1　生活と労働

　生きていくためには働くことが必要である。生活を成立させるためには労働が必要であると言い換えてもよい。その際に労働をどのように捉えるかは時代によって随分と異なる。さらに現代日本で労働に対する考え方は多種多様であり，何を重要視するかは各人の事情による。人により，国により，時代により労働の捉え方は様々である。このことを前提に現代における労働の特徴を把握したい。

　従来の労働とは生活のための手段であった。生存のために必須な営みであるが，できれば避けたい苦役という認識もあった。同様の発想は現代においてもある。それは生活のための労働という認識となり，一般的には企業組織に雇用

されて働く雇用労働として私たちは理解している。これが生業としての「サラリーマン（salaried workers）」であり，多くの労働者の働き方になっている。

1.2　アメリカと日本

　かつて米国ではサラリーマンの多くは「高望みせずに，悪くない給料とまずまずの年金，そして自分と限りなくよく似た人たちの住む快適な地域社会にそこそこの家を与えてくれる仕事に就こうとする（ウィリアム・H. ホワイト『組織の中の人間－オーガニゼーション・マン』1956年）」といわれていた。こうした米国のサラリーマンの働き方は日本に住む者にも違和感なく受け入れられるだろう。一方で日本においてはどうであっただろうか。現代日本を考える上で1960年代の「高度経済成長」の影響は大きい。当時の労働者は身を粉にして企業の成長を支え，そして同時に自らの給与の上昇のために努力したのである。その日本人の働き方を観察したハーバード大学のエズラ・ヴォーゲルは「日本の平均的な工場労働者は米国の勤勉な工場労働者に匹敵する」といい，高度経済成長を支える日本人の働き方を礼賛した。自身の成長と企業の成長を関連付けて働き続けることが美徳された時代である。しかし経済大国となっていき，バブル経済の崩壊という経緯の中で働く人々の労働観も変化することとなった。

1.3　経済発展を経ての価値観

　高度経済成長はわれわれの生活をモノ（家電製品や自動車など）により充足していった。その一方で，モノが普及すればするほどそれだけでは満たされず精神的な充足を求めるようになる。それはいわゆる生活のゆとりへの欲求として現れた。ゆとりを求めることはモノによる物理的な充足では満たされることはなく，働く時間以外での精神的な充実を求めることにつながった。高度経済成長はわれわれに長時間労働をもたらし，その最悪の結果として過労死という社会問題さえも引き起こした。こうした影響もあり生活の中でのプライベートの時間についての関心を高める傾向となった。

　企業の経済的成長と自身の給与上昇の強い結びつきが，終身雇用慣行・年功序列慣行と企業への高い忠誠心という形態で現れた。終身とは生涯にわたるという意味を含んでおり，終身雇用とは企業と従業員が一生にわたる契約を擬似

的に結ぶようなものである。ところがバブル経済崩壊後に日本的雇用慣行の見直しがなされる中で，企業へ一生を預けるという考えにも修正が求められた。その結果が成果主義処遇の賃金制度であった。

　成果主義処遇の普及は従業員にも短期間での利益を要求することになる。さらに利益追求のために人件費を削減する動きにもつながり，非正規雇用労働者の増加を招いた。

　非正規雇用労働者の増加は1つの大きな問題を引き起こした。それが雇用の二極化である。非正規雇用労働者の課題は端的に低賃金であることである。そして非正規雇用労働者の増加は正規雇用労働者の責任を増大させ，長時間労働を招いた。つまり雇用の二極化とは「長時間労働の正規雇用労働者」と「低賃金労働の非正規雇用労働者」という2つのグループの登場であり，その結果としての格差社会化であった。

　そうした問題を解決する方法としてディーセントワークという考え方を紹介する。次節以降ではディーセントワークと諸問題の関連などについて見ていこう。

2　働きやすい環境のためのディーセントワーク

2.1　ディーセントワークとは

　まず「ディーセントワーク（decent work）」登場の経緯から見ていこう。ディーセントワークは1999年第87回ILO（the International Labor Organization：国際労働機関）総会でのファン・ソマビア事務局長の報告に登場し，ILOの主な活動目標に位置づけられ，国際労働基準の確立のための標語に掲げられた。2012年にILO事務局長に就任したガイ・ライダーも21世紀におけるILOの役割としてディーセントワークの推進を掲げており，今後の指針として重要視している。ここでのディーセントワークとはグローバル経済の進展する中で労働環境の改善のためのILOの活動指針もしくは目標である。

　その活動指針としてディーセントワークについてILOは具体的に「権利が保障され，十分な収入を生み出し，適切な社会的保護が与えられる生産的な仕事。

また，すべての人が収入を得るのに十分な仕事」と説明している。それでは働きがいのある人間らしい仕事とは何であろうか。まず仕事があることが基本である。さらにその仕事は，権利，社会保障，社会対話が確保され，自由と平等が保障され，働く人々の生活が安定するものである。すなわち，「人間としての尊厳を保てる生産的な仕事」のことである。別の箇所でILOはディーセントワークを「人間としての尊厳，自由，均等，安全の条件で，男女が生産的な好ましい仕事を得る社会を推進すること」と説明している。

2.2　ディーセントワークの条件

このようなディーセントワークを求める理由とは何であろう。1つには労使関係のパワーバランスの偏りがある。企業に対して労働者はあまりに無力である。経済のグローバル化が進展する過程において廉価な労働力を求める巨大企業の動きは労働者の生活をいとも簡単に脅かす。そうした企業の動きは労働者を失業，危険な仕事，不安定かつ低賃金な仕事へと誘う。

さらに企業の動きだけでなく各国別の課題も労働者に大きな影響を及ぼす。移民労働者の搾取，少数民族への弾圧，男女不平等，病気・障害・高齢に対する不十分な保護などがある。こうした状況において労働者個人が自己の環境改善を行うことは難しく，環境改善には各国の実情に応じた国家レベルでの政策が必要となる。そこでは各国の「政・労・使」が連携して優先課題と目標を定め，ディーセントワークの「戦略的目標」を達成することが重要となってくる。

2.3　ディーセントワークの戦略的目標

ディーセントワークの戦略的目標は1999年第87回ILO総会で提案され，2008年第97回総会にて採択された。その結果は「公正なグローバル化のための社会正義に関するILO宣言」となり，ディーセントワークの実現は4つの戦略的目標（**図表9－1**）に基づくとされている。

ILO第96回総会において「持続可能な企業は成長，富の形成，雇用，ディーセントワークの主たる源である」とする結論を採択し，21世紀の主要な目標をディーセントワークと定めた。そして「人間としての尊厳，自由，均等，安全の条件で，男女が生産的な好ましい仕事を得る機会を推進すること」を規定し，

図表9－1　ディーセントワークの戦略的目標

目　　標	具　体　的　内　容
労働の基本的原則と権利	「不利な立場に置かれて働く人々をなくすため，労働者の権利の保障，尊重」 ⇒結社の自由，団体交渉の効果的な承認，強制労働の禁止，児童労働の禁止，雇用および職業における差別の排除
雇用と収入の安定	「必要な技能を身につけ，働いて生計が立てられるように，国や企業が仕事を作り出すことを支援」 ⇒失業や不安定雇用を除去し，人間的な雇用と収入を確保できる機会の充実
社会的保護ないし社会保障の拡充	「安全で健康的に働ける職場を確保し，生産性も向上するような環境の整備。社会保障の充実」 ⇒すべての人々に対し，社会的保護を高め，保護範囲を広げること
社会的対話の強化	「職場での問題や紛争を平和的に解決できるように，政労使の話し合いの促進」 ⇒三者構成（政労使）と社会的対話の強化

出所：ILOのHPを参考に筆者作成。

4つの戦略目標を提起した。それらは①「労働の基本的原則と権利」，②「雇用と収入の安定」，③「社会的保護ないし社会保障の強化」，④「社会的対話の強化」である。これらの目標は公正なグローバル化のために対象を広範囲にしており，各国の事情を踏まえた目標に翻訳する必要がある。さらに目標達成のための手段は各国の事情によって異なるものとなる。

2.4　日本におけるディーセントワークの位置づけ

2006年にILOから「グローバル経済のためのルール～国際労働基準の手引き～」が発表された。これはディーセントワーク実現のための国際労働基準について今日的な意義や内容を概観し，その役割や利用方法に関して専門家以外の人にもわかりやすく説明した資料である。

同資料においてディーセントワークとは，人々が働きながら生活している間に抱く，①働く機会があり，働きに応じた収入が得られること，②働く上での権利が確保され，職場で発言が行いやすく，それが認められること，③家族の生活が安定しており，自己の鍛錬もできること，④公正な扱い，男女平等な扱いを受けること，といった願望を集大成した概念であり，その実現は，各国が

その多様な国内事情に応じ，優先事項を設定し，達成可能な目標を立てた上で取り組むべきものとされている。

　森岡（2015）は上記の①〜④の項目は日本においてディーセントワークを実現する上で重要な項目であると評価しながら注意喚起も促している。ディーセントワークを「願望が集大成されたもの」で終わってはならないとし，願望ではなく実現することが労働問題の解決につながると説明する。その際にディーセントワークの成立条件を労働時間，賃金，雇用，社会保障から考えなければならないと説く。それらは，まともな労働時間，まともな賃金，まともな雇用，まともな社会保障と言い換えることができるとし，ディーセントワークを日本人にわかる表現として「まともな仕事」と呼んではどうかと説明する。

2.5　ディーセントワークの実現のために

　では，まともな仕事としてのディーセントワークの実現には何が必要であるか。その実現には達成のための方針が必要であり，その評価項目は何であるかを考える必要がある。それらを示す個別項目を**図表9-2**にまとめた。これらは規範的な指針であり，数値目標化は別途必要である。

図表9-2　ディーセントワークの達成判定項目

個別項目	内　　　容
① WLB	「ワーク」と「ライフ」をバランスさせながら，いくつになっても働き続けることができる職場かどうかを示す軸
② 公正平等	性別や雇用形態を問わず，すべての労働者が「公正」「平等」に活躍できる職場かどうかを示す軸
③ 自己鍛錬	能力開発機会が確保され，自己の鍛錬ができる職場かどうかを示す軸
④ 収入	持続可能な生計に足る収入を得ることができる職場かどうかを示す軸
⑤ 労働者の権利	労働三権などの働く上での権利が確保され，発言が行いやすく，それが認められる職場かどうかを示す軸
⑥ 安全衛生	安全な環境が確保されている職場かどうかを示す軸
⑦ セーフティネット	最低限（以上）の公的な雇用保険，医療・年金制度などに確実に加入している職場かどうかを示す軸

出所：みずほ情報総研株式会社（2012）。

　ディーセントワーク実現のためには日本の労働環境を踏まえた目標にする必要がある。その場合の日本の課題は雇用の二極化といわれる正規・非正規雇用労働者問題である。その中で正規雇用労働の問題の中心は長時間労働であった。国際労働基準に詳しい弁護士である牛久保（2007）は，ディーセントワークを実現することの重要性は労働時間に含まれる問題にあると説明する。それらは①労働者の健康によい労働時間，②家族にフレンドリーな労働時間，③男女平等を進める労働時間，④生産的な労働時間，⑤労働者の選択と決定が認められる労働時間，である。こうした労働時間に含まれる問題の中心課題は長時間労働の削減である（労働時間問題に関しては第5章を参照）。雇用の二極化として触れたもう1つの課題が非正規雇用労働者に代表される低賃金労働の問題である。

3　悪化しつつある労働環境

3.1　ディーセントワークと非正規雇用労働

　ディーセントワークに対する期待は各国の経済状態により異なるとはいえ先進国と途上国に関わりなく，労働者はそれぞれの置かれた状況，特に家庭環境に応じて働き方の選択を迫られる点では共通する部分がある。働き方の選択は大きく人生設計に影響する。日本においてディーセントワークの議論が必要となる背景には，バブル経済崩壊後の雇用慣行の変更と非正規雇用労働者の増大にある。

3.2　非正規雇用の拡大と課題

　バブル経済崩壊の後処理はそれまでの働き方の変更する形で現れた。当時の日経連（現在の経団連）は働き方を，①長期蓄積能力活用型，②高度専門能力活用型，③雇用柔軟型と3つに分類し，労働力の柔軟性と流動性を高めつつ総人件費を節約する雇用ポートフォリオ戦略を提示した。それぞれについて簡単に確認してみよう。①長期蓄積能力活用型では既存の正規雇用労働（正社員）と同様の働き方を意味している。②高度専門能力活用型ではスペシャリスト型

の派遣・契約社員の働き方を意味している。③雇用柔軟型では雇用時間，雇用
形態，採用から解雇に至るまで柔軟に雇用できる非正規雇用の働き方を意味し
ている。終身雇用慣行と年功序列慣行に基づく正社員以外の働き方の創出が目
指されたのであった。

　こうした雇用改革は，結果的に正規雇用と非正規雇用の2つの労働者グルー
プを生み出した。その後，非正規雇用の労働者数は年々上昇し続け，近年では
労働者全体の3分の1を超えるボリュームとなっている。非正規雇用労働者は，
雇用形態の違いから賃金は低く抑えられ低収入での生活を余儀なくされた。非
正規雇用労働者（場合によっては正規雇用労働も含む）の低賃金労働はワーキ
ングプアと呼ばれ，新たな社会問題を引き起こす結果となった。

3.3　ワーキングプアの経済的位置

　働いているにもかかわらず貧しい状態にある人々はワーキングプアと呼称さ
れている。より正確には正規雇用労働者と同等にフルタイム（週40時間）で働
いているにもかかわらず「生活保護水準」もしくはそれに満たない収入しか得
られない労働者の状態のことを意味する。生活保護水準は国による生活保護制
度の支援が必要となる生活レベルである。厚生労働省によれば「生活保護制度
は，生活に困窮する方に対し，その困窮の程度に応じて必要な保護を行い，健

図表9−3　厚生労働省による生活保障水準と内容

生活を営む上で生じる費用	扶助の種類
日常生活に必要な費用（食費・被服費・光熱費等）	生活扶助
アパート等の家賃	住宅扶助
義務教育を受けるために必要な学用品費	教育扶助
医療サービスの費用	医療扶助
介護サービスの費用	介護扶助
出産費用	出産扶助
就労に必要な技能の修得等にかかる費用	生業扶助
葬祭費用	葬祭扶助

出所：厚生労働省HP「福祉・介護生活保護制度　保護の種類と内容」。

康で文化的な最低限度の生活を保障するとともに，自立を助長することを目的」としている（**図表9−3**）。厚生労働省によれば「健康で文化的な最低限度の生活」における「健康」とは保健や医療のサービスを受けられることを指し，さらに「文化的」とは衣食住に不自由しないという意味である。以上の生活保護水準を踏まえた上でワーキングプアと呼ばれる状況に陥った場合について考えてみよう。働いているにもかかわらず生活保護水準もしくはそれに満たない収入しか得られない状態であることを，私たちは社会的にどう考える必要があるだろうか。

3.4　格差と貧困

　ワーキングプアという状態は社会問題としてどのような位置づけが可能であるかを考えてみたい。

　橘木（1998，2006）は日本社会における格差の浸透を指摘して，バブル経済崩壊以降の社会構造の変化を「日本総中流社会」から「格差社会」への移行であるとして，その問題を浮き彫りにした。こうした格差社会の登場は資本主義経済での個人行動の結果であり，自己責任なので致し方ないものという立場がある。しかし格差社会が生み出したワーキングプアという課題を貧困問題として認識し，具体的な対応策をとらなければならないという立場もある。

　岩田（2007）は，認識の仕方として格差と貧困では大きな隔たりがあると説明する。つまり格差が高所得者と低所得者がいるという状態の説明に過ぎず，また格差があって何が悪いという立場もありえる。それに対して，貧困は社会問題として容認できない「あってはならない」という社会的な規範を含む言葉だと岩田は説明する。「貧困」が発見されたならば，個人の権利の侵害であり，それは救済すべき対象であり，救済は社会の責任であるという（岩田，2007，28-29頁）。

　貧困の出現は，80年代以降のポスト工業社会や経済のグローバル化といわれる新しい社会経済体制への移行の過程で顕著になったとされる。市場がグローバル化し，国際競争が激化する中で人件費の削減という方針は非正規雇用労働者の増大を招き，結果として貧困を招いた。「貧困＝社会として救済すべきもの」という考え方を採用するならば，ワーキングプアの問題は色合いが異なっ

てくる。働いているにもかかわらず貧困に陥る状況が現実に存在することにどう対応するのか。そこでは貧困の客観的基準をどのように設定し，対応策を考える必要がある。

4　貧困に陥らないために

4.1　貧困の線引き

　貧困の客観的基準とは，どこからが貧困として分類されどこからは貧困ではないという線引きの問題である。

　岩田（2007）は貧困の線引きについて次のように説明する。貧困の歴史は境界設定の歴史であり，貧困の境界を設定するモノサシとして，正社員の半分以下の年収，ある程度の購買力，既成概念，自分との比較，途上国と先進国との比較など様々である。

　そうした貧困の基準設定に関しての研究の代表的なものとしてラウントリー（1901）とタウンゼント（1979）がある。ラウントリーの説明した貧困は「絶対的貧困」と呼ばれ，生存費用に基づき生存できるか否かのラインを指標としている。生存費用とは生命体として人間がその肉体を維持し労働していくための費用を意味している。これは1900年頃に急速に発展してきた栄養科学＝必要カロリー摂取量基準をもとに考えられている。それにより必要カロリーとタンパク質の摂取できる量を買い物かごに入れる行為になぞらえ「マーケット・バスケット方式」と呼んだ。この考え方の弱点は，食料以外の必需品部分は人によって異なるにもかかわらず，個人の価値判断が入ってしまうことにある。人はパンさえ食べていればよいわけではない。また必需品の考え方が恣意的であった点から科学的ではないという評価もある。

　一方でタウンゼントの説明した貧困は「相対的貧困」と呼ばれる。相対的貧困は生活様式からの剥奪指標で判断する。剥奪指標とは「あって当たり前のもの」が手に入らない状態を数値化したものである。タウンゼントは人間の生活は肉体の維持だけでなく，社会における生活様式や慣習にもよって支えられていると考え，剥奪指標という考え方を取り入れた。つまり貧困とは社会におけ

る慣習や様式を保つために必要な生活資源を欠いている状態と定義した。しかしこのタウンゼントの定義にも，一般的な家庭を把握し詳細な生活様式や慣習の調査が必要となり非現実的であるという批判もある。

　岩田はラウントリーやタウンゼントの絶対的貧困や相対的貧困というこれまでの経緯を踏まえながら，まずは貧困に目を向けることの大切さを説いている。このことはワーキングプアの問題を考える点で大切である。貧困に陥っているケースの問題は，当人が今置かれている状況に絶望しそのことを自己責任として判断して思考停止してしまうことである。その状況に陥ってしまった人を見つける者が必要なのである。

4.2　社会問題としての貧困

　上述の貧困の線引きとは別に，国や時代を超えて決定される貧困と国や時代や社会によって変化する貧困と把握することで，相対的貧困の問題点を浮かび上がらせてみよう。

　国や時代を超えて貧困に陥る場合の例として戦争に巻き込まれた場合がある。こうした場合の貧困の原因は戦争にあり，貧困の問題ではないと考えることが可能である。それに対して，社会ごとに形態が異なる貧困の場合がある。例として，家庭の経済事情により給食費の支払いが困難な児童の場合を考えてみよう。これは経済状況により日常的に発生する貧困の問題と認識できる。給食費を例にしているが，当たり前のものが手に入らない状況を想定して考えてほしい。

　経済的に手に入らないものが増加すると，他者との交流やつながりを奪うことになる。こうして貧困は，究極的には，人々を社会的に孤立した状態に追い込み，居場所さえをも奪ってしまう。このような状態を「社会的排除」という。阿部（2011）は相対的貧困の問題は，人々を社会から隔絶させてしまうこと，つまりは社会的排除の問題だと説明する。

　湯浅（2008）は社会的排除をあるべきものからの５重の排除の結果として説明する。この５重の排除は，①教育課程からの排除，②企業福祉からの排除，③家族福祉からの排除，④公的福祉からの排除，⑤自分自身からの排除，を意味する。社会において支援がなされていれば，排除されずに済む。しかし身動

きがとれなくなり，現状を招いたのは「自分のせい」であると考えて，⑤の
「自分自身からの排除」になっていく。

　5重の排除により金銭，人間関係，個人能力などの貧困への緩衝材となりう
るものが総合的に失われ，余裕のない状態となる。自己責任の考え方を基本と
し自分のせいであると現状認識してしまうと，悪いのは自分であり，社会や置
かれた環境に原因を求めようとしなくなる。

　またワーキングプアを考える上で，②企業福祉からの排除をクローズアップ
したい。非正規雇用労働者は，単に低賃金で不安定雇用というだけではなく雇
用保険・社会保険に入れてもらえず，失業時の立場も併せて不安定になる。企
業内の福利厚生制度（社員寮・住宅手当・住宅ローン等々）からも排除され，
さらには労働組合にも入れず，組合共済などからも排除される。非正規雇用労
働者の場合，この企業福祉から排除されてワーキングプアに陥っている可能性
が高い。はたしてワーキングプアは自己責任なのであろうか。

4.3　貧困問題としてのワーキングプア

　こうしたワーキングプアの問題を考える上で絶対的貧困よりむしろ相対的貧
困の考えや社会的排除の観点から見ていく必要がある。ワーキングプアを貧困
問題として認識した際の課題は何であろうか。相対的貧困や社会的排除の考え
に従うと，あって当たり前のものが手に入らない状態に追い込まれていること
が問題となる。こうした状態はワークライフバランスに現れる。正社員並みの
労働時間であるにもかかわらず，さほどの収入が得られない。その結果，ライ
フを充実させるための予算はかなり限定される。生きるのに精一杯であれば余
暇を楽しむという発想は生まれにくい。またライフの充実のために家族を持つ
という選択肢もある。それは結婚・出産・育児に関しての問題にもなる。結婚
は人生の分岐点であり，結婚後の双方の収入は家庭に多大な影響を及ぼす。ま
た出産について一子を設けても二子目はあきらめるということにもなる。さら
に育児について与えられる遊具，習い事・塾への通学などにも影響する。最終
的に「文化資本」のレベルで差が生じる。当たり前に仕事をして，当たり前に
家族を持って，当たり前に暮らすことが当たり前ではなく，そのことに困難を
感じる。余暇のあり方・結婚・出産などは価値観を多分に含む部分であり，そ

の意思決定に余人が口を挟む類いのものではない。ただしワークで得た収入を
ライフに投入しようとしたときにあまりに乏しい資金に悩まされている状態と
いうのは，社会的排除の危険性から考えるとその問題は根深いといえる。

4.4　より良い状態へ

　相対的貧困や社会的排除で問題とされるのはあって当たり前のものが手に入
らない状態に陥り，そのことから脱出ができない経済的・心理的状態に追い込
まれてしまう点にある。つまり「あるべきものが無い状態（欠乏）」となるこ
とが問題である。こうした点は社会的剥奪（social deprivation）の問題として
扱われてきた。その段階は次のように考えられる。①人並みの生活条件が剥奪
されて，満たされていない状態になる。②一般に当然認められている条件や基
準から見て遠ざけられている状態になる。③社会参加不可能の状態に置かれて
いる状況になる。

　社会的基準から見て見苦しくない状態，あるいはそれが欠ければ人並みとは
いえない状態を表すのがディーセントであれば，剥奪はディーセントでない状
態を意味するといってもよい。社会的剥奪とならない条件が人間らしい働き方
だとすると，社会的剥奪の検討はさらに意味が大きくなりそうである。

　もう1つの大きな問題は経済問題に還元されるであろう見苦しさではなく，
自分がある行動をとりたい際に，それができないことである。セン（2000）は
潜在能力の欠乏として貧困を捉える。貧困とは受け入れ可能な最低限の水準に
達するのに必要な基本的な潜在能力が欠如した状態であり，潜在能力はどのよ
うなタイプの生活を送るかという選択において自由に選択できることなのであ
る。「貧困は単なる所得の低さというよりも，基本的な潜在能力が奪われた状
態と見なければならない。ところが現在のところ，貧困を説明する標準的な基
準は所得の低さである（セン，2000，99頁）」と説明する。センの説明する貧
困とは端的に言うと「選択肢の不自由」ということになる。その不自由な状況
に陥っているのがワーキングプアであり，その状態に陥らせないためのディー
セントワークと結論づけることができる。労働環境の悪化が拡大しつつある中
で，ディーセントワークの考え方を基礎とした働き方の改革が行われることが
望まれる。

第10章
若年層の転職行動と
プロフェッショナル志向

7・5・3現象で象徴されるように，新卒を含めた若年層の転職行動が人的資源管理において問題となっている。その要因としては，彼らの組織観や職業観の変化やキャリア志向の多様化が考えられる。本章では，こうした若年層の転職行動に焦点を当て，その原因を多面的な視点から探るとともに，人的資源管理に求められる対策を論じていく。

1　若年層の転職率の推移と移ろいゆく組織観・会社観

7・5・3現象に象徴されるように，近年，若年層におけるキャリアの流動化が指摘されている。総務省「労働力調査特別調査」によれば，**図表10−1**

図表10−1　年齢別転職率の推移

(%)

年	15-24歳		25-34歳		35-44歳		45-54歳	
	男	女	男	女	男	女	男	女
1990	7.5	9.1	4.2	6.0	2.2	3.9	1.5	2.1
2000	12.3	12.5	5.4	9.4	2.7	6.0	2.2	3.6
2010	9.8	11.9	5.6	8.0	2.9	6.1	2.1	4.1
2017	10.0	12.2	6.1	8.4	3.5	6.0	2.3	4.6

出所：総務省「労働力調査」を参考に著者作成。

◆ 135

からもわかるように，全体的に転職率が増加傾向にある。なかでも，特に若年層の転職率が高く，年齢別に見ると，15-24歳層が最も高く，次いで25-34歳が高い。

　若年層は，なぜ転職を望むのだろうか。2007年の総務省「就業構造基本調査」によれば，若年層の転職理由で男女とも「収入が少ない」が最多で，次いで「時間的・肉体的負担」が続いている。これによれば，賃金や所得に対する不満が若年層の転職行動の引き金になっていることがうかがえる。

　しかし，若年層の転職行動は，はたして賃金等の労働諸条件だけが大きな要因なのであろうか。若年層の転職行動を理解するには，彼らの組織観・会社観やキャリア志向から多面的に考察する必要があると思われる。そこで，まず若年層の組織観・会社観を中高年層と比較して見ていくこととする。

　中高年層の組織観・会社観は，「帰属意識」に裏打ちされており，「１つの組織に帰属し，そこから人生に必要なものすべてをまかなっていく」という点に大きな特徴がある[1]。その中心的価値は，組織への忠誠心や職場への貢献，上司への貢献といったものを重視する自己犠牲にある。こうした滅私奉公型の帰属意識に裏打ちされた中高年層は，個人と組織との強い結びつきを希求しており，終身雇用と親和的である。したがって，組織の存続が危うくなったり，よほどのことが発生しない限り，転職行動に出ることはない。

　それに対し，若年層の組織観・会社観は，「所属意識」に裏打ちされており，「いくつかの組織に所属し，それぞれのところから必要なものを手に入れていく」という点に大きな特徴がある[2]。その中心的価値は，会社への忠誠よりも仕事への忠誠，会社への貢献よりも自分の業績，上司への貢献よりも自分の損得を重視する自己利益にある。このような自己利益を重視する所属意識に裏打ちされた若年層は，仕事を介して個人と組織のゆるい関係（いわゆるルースカップリング）を希求しており，個人の仕事に対する最大限のコミットメントが必要不可欠となる。つまり，若年層は組織よりも仕事や自己の専門的技術，自分の市場価値（market value）に対するコミットメントは高いものの，所属組織への忠誠心は低い。したがって，若年層は良い仕事ができる環境が整っていた

1　谷内（2007），9-10頁。
2　谷内（2007），11-12頁。

り，自己の専門性や市場価値が高まるならば，いともたやすく転職行動に出る。

　こうした若年層と中高年層の組織観・企業観の違いは，職業意識においても大きな違いとなって現れている。帰属意識に裏打ちされた中高年層は，滅私奉公を美徳としており，組織においてどんな仕事をするかということよりも，会社に入ることが主たる目的となっている。中高年層のそうした職業意識の根底にあるのは，まさに「就社」意識である。それに対し，所属意識に裏打ちされた若年層はどこの会社に入るかではなく，入った会社で「どんな仕事ができるか」，「担当する仕事で能力や個性は伸ばせるか」を職業選択に際して重視する。若年層のそうした職業意識の根底にあるのは，「就職」意識である。近年，ソニー，資生堂，オリンパスなどの先進的大企業において，職種別採用やオーダーエントリー・システム（Order Entry System：略記OES）が導入されているのは，このような若年層の職業意識の変化に応えるためであると思われる。

2　プロフェッショナル志向の高まりと　　プロフェッショナルの要件

　「就職」意識に裏打ちされた若年層は，仕事に対するコミットメントが高く，会社の中でどんな仕事ができるかに強い関心があり，前節で述べたように，自己の専門的技術の水準やその市場価値に大きな関心を持っている。所属する組織や会社に対するロイヤリティが低く，外部の専門的機関や学会などの専門家集団における自分に対する評価や評判を非常に気にする。つまり，彼らの準拠集団は，自分が勤務する組織や会社ではなく，むしろ所属する外部の組織や団体（学会，専門家団体など）にある。準拠集団が外部にあるような若年層のキャリア志向は，組織の中で偉さを示すはしご（career radder）を上っていくような組織人ではなく，スペシャリストやプロフェッショナルに対する志向性が強く，自分の専門性や市場価値を高めることができるならば，転職をもいとわない。

　このようなスペシャリストやプロフェッショナル志向の高い若年層を人材ポートフォリオで表すと**図表10-2**のようになる。

　図表10-2からもわかるように，本書でのプロフェッショナルは，スペシャ

図表10-2　人材ポートフォリオ

帰属意識（終身雇用）

	ゼネラリスト （管理職）	スペシャリスト （専門職）	
コミットメント ＝組織	テンポラリーワーカー （パート，派遣など）	プロフェッショナル （職業人）	コミットメント ＝仕事/専門性

所属意識（短期雇用）

出所：服部・谷内（2000）45頁。

リスト，プロフェッショナルの両者を含むものと考えている。この両者の違い
は，次のような点にある。スペシャリストとは，いわゆる組織内プロフェッ
ショナルで，会社に対する帰属意識はあるものの，コミットメントの対象は仕
事や専門性にあり，市場における自己の評価に高い関心を示す。スペシャリス
トは，主に，研究開発，技術，法務，財務・経理，人事，システムなどの専門
分野での高度な専門性を有し，企業の競争優位を左右する専門職として育って
いく人材群である。ただし，その専門性は適用範囲，市場価値において，プロ
フェッショナルと比較して限定的とならざるをえない。

　一方，プロフェッショナルは，会社に対する帰属意識は極めて低く，自らの
専門性をもとに，会社から専門業務を請け負う人材群で，独立志向が極めて強
い点に大きな特徴がある。いわば，仕事請負人的存在で，会社とは短期の有期
雇用契約を締結したり，業務請負契約を締結して業務遂行する人材である。最
近増加傾向にあるフリーエージェントやインデペンデント・コントラクターな
どのような働き方を探求する人材でもある。その専門性は，スペシャリストと
違って，汎用性や通用性，市場での価値が極めて高い。

　ここで，本書で述べるプロフェッショナルについての概念を明確にしておき
たい。本書で述べるプロフェッショナルは，法律家，医者，聖職者などの伝統
的なステイタス・プロフェッショナルでなく，企業や産業社会を前提にしてい
るので，ビジネス・プロフェッショナルと位置づけたい。こうしたビジネス・
プロフェッショナルの要件は，ホール（Hall, R.H.）の定義を参考に，次のよ

うな5つの要件から成り立っている[3]。

① プロフェッショナルは，特定の専門分野において高度な専門教育を受け，あるいは長年にわたる熟練に基づき，専門的知識や技術を有する。

② プロフェッショナルは，特定の専門分野における集団や機関（学会，専門家団体など）に属するとともに，そこにおける集団規範やルール（職業倫理）を遵守する。

③ プロフェッショナルは，特定の専門分野や専門家集団における自己の評価や評判に大きな関心を持つ。

④ プロフェッショナルは，仕事に対する誇りと職業的使命感が強く，金銭的な報酬よりも仕事の内容や出来映えに強い関心がある。

⑤ プロフェッショナルは，セルフマネジメントの原則に基づき，仕事をデザインし，自ら自主的に最適な意思決定をする。こうしたプロフェッショナルの要件を図で表すと**図表10-3**のようになる。

図表10-3　プロフェッショナルの要件

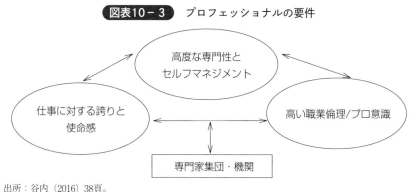

出所：谷内（2016）38頁。

3　谷内（2007），116-117頁。

3 プロフェッショナル人材の育成と
キャリア形成

　プロフェッショナル人材を育成し，キャリア形成をはかっていくためには，これまでのOJTや階層別研修を中心とする人材育成のあり方では限界がある。また，プロフェッショナル人材を育成していくには，一企業のみの対応では不十分で，業界さらには社会としての対応も必要となる。そこで，まず企業に求められる対応から見ていきたい。

　プロフェッショナル人材の育成に向けた重点施策としては，大きく2つのことが考えられる[4]。1つ目は，「企業内大学（Corporate University；CU，以下CUと表記）を通じたエンプロイアビリティ（employability）の修得」である。従来の人材育成は，終身雇用を前提に，OJTや階層別研修などにより企業固有技能（firm specific skill）の修得をはかるべく実施されてきた。したがって，修得する技能は，他では通用しない，非汎用的な技能としての色彩が強い。こうした修得した技能の特殊性は，従業員の企業への隷属性を強め，終身雇用をより盤石なものとしていった。

　しかし，プロフェッショナルに求められるのは，内外の労働市場で通用しうる高度な専門性ともいうべきエンプロイアビリティである。エンプロイアビリティは，1990年代に欧米を中心に，失業率の高まりに対する懸念や内部労働市場を中心とした雇用慣行の優位性の低下などを背景に登場してきたが，わが国でも日経連（現，日本経団連）を中心に本格的な導入が進められている。

　山本（2014）によれば，エンプロイアビリティには，勤務している組織内で価値を有する内的エンプロイアビリティと，外部に通用する市場価値のある外的エンプロイアビリティの2種類があるとされている。

　図表10-4からわかるように，エンプロイアビリティは，内外の労働市場で通用しうる高度な専門性である点に特徴があるため，これまでの人材育成の主な柱であったOJTや階層別研修，さらには人事部が主催する研修内容では，

4　谷内（2007），128-130頁。

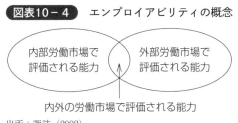

図表10-4　エンプロイアビリティの概念

出所：諏訪（2002）

その育成は覚束ない。エンプロイアビリティの育成には，大学等と連携した企業内大学（CU）を設置し，高度な専門教育を行っていく必要がある。広告代理店の博報堂では，2005年に社長直轄の人材育成機関としてHAKUHODO UNIVERSITY（博報堂大学）を設置し，クリエイティブな同社を支えるプロフェッショナルな人材の育成と輩出に取り組み始めた[5]。同社のプロフェッショナル育成に向けた教育プログラムは，全員を一定水準以上のプロに育てることをめざし，2段階に分かれている。第1段階は，複数の専門性を併せ持った粒違いのプロの育成をめざし，個人の経験領域の拡大や能力の伸長をはかるもので，2回の異動を行う多段階キャリア選択制度が導入されている。第2段階は，一定水準以上に育ったプロをさらに伸ばす挑戦機会の付与の段階である。これはいわば社会的な価値の創出や提言を行う機会を与える場として位置づけられている。

　プロフェッショナル人材育成に向けた2つ目の施策は，「キャリアストレッチングと越境学習」である。プロフェッショナルとして市場価値の高いエンプロイアビリティを修得させていくためには，CUを通じた専門教育に加えて，キャリアの節目（transition）において，一皮むけた異質な経験をさせることが強く求められる。これはCUを通じて修得したエンプロイアビリティを実際のマネジメントの場面に適用させるためのもので，いわば「専門教育と経験学習との融合」をはかるものである。異質な経験としては，組織横断的な全社プロジェクトへの参画，異業種交流への参加，海外派遣，ベンチャービジネスや新規事業の立ち上げなど，が考えられる。このような一皮むけた経験は，キャ

5　博報堂のCUの事例は，日本経団連出版編（2006）95-113頁の「博報堂プロを育てるキャリア自律支援体系」を参考に記述。

リアストレッチングと呼ばれており，CUを通した専門教育で修得した専門的知識を実際のマネジメントの場面に適用する機会としてその有効性が期待される。

　ところで，こうした異質な経験をさせるキャリアストレッチングを実効あるものにしていくためには，教育の場を企業内に狭く限定することなく，組織を超えたキャリア形成を考えていかなければならない。組織を超えたキャリア形成としては，一般的には組織外へのトレイニー派遣をイメージするが，最近ではこのような組織を超えたキャリ形成を支える理論的支柱としてバウンダリーレス・キャリア論が注目を浴びている。これは，アーサーとルソー（Arthur & Rousseau, 1996）が提唱するもので，アメリカのシリコンバレーで活躍するIT技術者のキャリア分析から生まれた概念である。バウンダリーレス・キャリアでは，市場性のある高度な専門性や能力を持つことが強調されており，組織にキャリア形成を依存するのではなく，自らの責任で人的ネットワークを作って積極的にキャリア形成することの重要性が指摘されている[6]。つまり，バウンダリーレス・キャリアとは，個人の意思による個人のネットワークを通した能動的学習といえよう。言い換えるならば，バウンダリーレス・キャリアにおけるネットワークは，新しい知や最先端の技術・情報に触れる学習の場でもあり，次の仕事の機会を得る場でもある。それゆえ，バウンダリーレス・キャリアは，別名コミュニティ・ベースド・キャリアとも呼ばれている[7]。

　このように，バウンダリーレス・キャリアは，個人のネットワークを通じて形成された，新しい知や最先端の情報に触れる学習の場を活用したもので，学びの形式としては，新たな学びの場としての実践共同体を通じた越境学習でもある。実践共同体とは，あるテーマに関する関心や問題を共有し，それぞれの専門分野の知識や技能などを相互交流を通じて深めていくもので，わかりやすく表現するならば，学習のための共同体である[8]。荒木（2007）によれば，実践共同体には，所属組織や専門領域が同じで，親密なメンバーに限定される同質型，職場を超えた多様なメンバーの気軽な情報交換が主たる目的の多様型サロ

6　三輪（2011），53頁。
7　三輪（2011），54頁。
8　松本（2013），17頁。

ン，多様なメンバーが共同で解を求める多様型創発型の３種類があり，キャリア形成の有用性から，創発型実践共同体の重要性が指摘されている。

　プロフェッショナル人材の育成には，このような学習のための共同体を通じた越境学習は必要不可欠で，バウンダリーレス・キャリアは越境学習を通じて形成されることとなる。エンプロイアビリティの修得や仕事志向，プロフェッショナル志向の高い若年層のキャリア形成とバウンダリーレス・キャリアは，マッチングしており，今後そのニーズはますます高まるものと思われる。

　ところで，プロフェッショナル人材育成に向け，実践共同体による越境学習を通じてバウンダリーレス・キャリアを形成していくためには，留意すべき点が２つある。まず１つ目は，実践共同体における越境学習を単に，個人の自己啓発の範囲にとどめることなく，組織内における業務と関連付けるということである。単に，越境学習を個人のネットワークによる外部での学習の場と位置づけてしまうと，コミュニティ・ベースド・キャリアのところでも指摘したように，新しい仕事を探す場と化し，転職の促進要因となりかねない。先述したように，プロフェッショナル志向の高い若年層は，組織に対するコミットメントが低く，自己の専門性や市場価値を高めることに強い関心を有している。越境学習やバウンダリーレス・キャリアの運用を誤れば，プロフェッショナル志向の高い若年層の外部流出がより一層助長される危険性がある。職場学習論を提唱する中原（2012）は，越境学習を「個人が所属する組織の境界を往還しつつ，自分の仕事・業務に関する内容について学習・内省すること」と定義している。この定義に従えば，実践共同体による越境学習には，往還と内省が包含されており，最近流行している単なる外部での勉強会に参加することや異業種交流会に参加することとは大きく異なる。実践共同体による越境学習は，組織の境界を超えた多様な結びつきとその相互作用により，所属する組織内の業務や新たな知の創造につながって始めてその効果が期待できる。

　もう１つの留意点は，越境学習の効果を個人の範囲内でとどめることなく，組織全体に環流させることである。実践共同体による越境学習は，会社側の推奨で実施される場合もあるが，多くの場合，個人の自主性に基づく学習スタイルである。したがって，越境学習を通じて，個人が往還，内省したとしても，その影響範囲，すなわち学習効果は個人や狭い範囲にとどまってしまう。越境

学習の教育効果を高めるためには，越境学習を通じて個人が往還・内省したものを組織学習を通じて組織知に昇華させるとともに，実践共同体を組織内において設置することも試みてみるべきである。

　以上，企業におけるプロフェッショナル人材の育成について述べてきたが，本節の冒頭においても述べたように，プロフェッショナル人材の育成を実効あるものにしていくには，一企業のみならず，業界さらには社会としての対応も必要となってくる。まず，業界に求められる対策の方から見ていく。グローバルレベルでの競争が激化する中，プロフェッショナル人材の育成を一企業のみで対応しているようでは，激しいグローバル競争に打ち勝つことはできない。プロフェッショナル人材の育成は，もはや業界マターといっても決して過言ではない。業界マターとしてのプロフェッショナル人材の育成方法としては，「業界連動型CU」による人材教育が考えられる。その代表的なモデルとしてIFI（Institute For the Fashion Industries）があげられる。IFIは，繊維，ファッション業界の主要企業40社の出資により設立されたもので，次世代のファッション産業を担うプロフェッショナル人材や経営人材の育成をめざしている[9]。IFIの講師陣は，その大半が企業経営者や実務家で占められており，業界を代表する著名な経営者が講師を務めることも珍しくない。

　一方，本格的にプロフェッショナル人材の育成をはかっていくためには，社会においても対策が求められる。プロフェッショナルな人材を育成しても，それを受け入れる社会体制が整備されていないと，わが国でプロフェッショナル人材が定着することは難しい。プロフェッショナル人材を社会が受け入れていくためには，「専門職大学院のさらなる創設と職業コミュニティ」が必要となる[10]。専門職大学院としては，ビジネススクール，ロースクール，アカウンティングスクールに加えて，情報アーキテクチャーやデザイン，AIなどのビジネス・プロフェッショナル大学院の設置も必要となってくる。

　さらに，専門職大学院の創設と併行して，プロフェッショナル人材から構成

9　IFIとは，繊維，ファッション業界の主要40社の出資により設立された産業コンソーシアム型の産業人材育成機構で，IFIビジネススクールを開講し，業界としてのプロフェッショナル人材の育成に取り組んでいる（詳しくは，リクルートワークス研究所（2002）参照）。
10　谷内（2007），131-132頁。

される職業コミュニティ，すなわちプロフェッショナル・コミュニティの構築
が求められる。若年層は自己の市場価値に高い関心があり，準拠集団も所属す
る組織でなく，学会などの外部の組織にある。プロフェッショナル・コミュニ
ティは，プロフェッショナル志向の高い若年層に受け入れるとともに，そこで
のプロフェッショナルの評価基準や市場価値（グレード）が設定されれば，将
来，わが国おいて本格的な職業別労働市場の形成も不可能ではない。

4　プロフェッショナル人材に対するA＆R施策

　仕事志向やプロフェッショナル志向の高い若年層は，組織に対するコミット
メントが低く，自分の市場価値が高まるならば転職をもいとわない。彼らを組
織に繋ぎ止めるためには，魅力ある人事施策が必要となる。このような魅力あ
る人事施策は，A＆R（Attraction & Retention）施策と呼ばれている。A＆
R施策は，以下のように，大きく３つの内容に分類される[11]。

(1)　経済的インセンティブとしてのA＆R施策

　これには，３つの施策が考えられる。１つ目は「ESOP（Employee Stock
Ownership Program）の導入」で，わかりやすくいえば，自社株を給付する
退職給付（企業年金）制度である。ESOPには，持株会型と株式給付型の２種
類あるが，長期的インセンティブとしての色彩が強く，プロフェッショナル人
材の組織への定着を高める効果が期待できる。最近では，先進的企業を中心に
その導入が進みつつある。２つ目は，「成功報酬（発明報酬）の導入」で，プ
ロフェッショナルとしての組織への貢献に対する「相当の利益」の提供である。
日亜化学をめぐる青色発光ダイオードの発明にかかる訴訟からもわかるように，
優秀な人材を繋ぎ止めておくには，その成果を正当に評価し，報酬として報い
ることの明確なルールが必要である。最後は，「遅い昇進モードから早い昇進
モード（fast track）への転換」である。プロフェッショナル人材は，自己の
市場価値に関心があり，一見，ポストや昇進には関心がなさそうであるが，ポ

11　A＆R施策に関する記述は，谷内（2016）196-208頁（第５章第３節「自律した個をつ
　　なぎとめるA＆R施策」）を参考に記述。

ストに就くことにより，これまでとは異なる役割や権限を有することで，彼らのモチベーションを上げることができる。それがまた定着に向けた促進要因ともなりうる。

(2)　心理的インセンティブとしてのA＆R施策

　心理的インセンティブとしてのA＆R施策としては，3つあげられる。1つ目は「アワード（Award）制度の導入」である。これはプロフェッショナルの功績に対し称賛を与えるもので，たとえば研究者に対するフェローといった称号は最高のステイタスを意味しており，これが与えられることによって研究者としてこの上ない喜びを感じる。ノーベル化学賞を受賞した田中耕一氏に対し，島津製作所はフェロー第一号と称賛するとともに，田中耕一記念質量分析研究所の設置まで行っている。これは世界的第一人者である田中氏を島津製作所に繋ぎ止めることに大きく寄与している。2つ目は「ジュニア・ボード（青年重役会）制の導入」である。これは，プロフェッショナル志向の高い若手人材を経営に参画させ，彼らの意見を経営に反映させるもので，これを通じて経営トップの理念や考え方を共有することができ，組織との一体化を促し，定着を促進させる効果が期待できる。3つ目は「チャレンジ休暇制度の導入」である。これは，自己の専門性の深化をはかったり，あるテーマについてじっくりと取り組む時間を与えるもので，プロフェッショナル人材には極めて有効なインセンティブとなりうる。インテルでは，7年勤続ごとに，約2ヵ月（8週間）の休暇が与えられている。大学教員に与えられるサバティカル（sabbatical）と同様のものである。チャレンジ休暇制度は，前節で述べてきたバウンダリーレス・キャリアに必要な外部における人脈作りにも効果的であると考えられる。

(3)　キャリアインセンティブとしてのA＆R施策

　これについては，すでに前節で社外へのトレイニー派遣，CUを通じた専門教育，学習共同体による越境学習などについて解説をしたので，ここでは2つのA＆R施策についてのみ触れることとする。1つは「キャリアオプションの多様化と人事管理の複線化」である。プロフェッショナル志向の高い若年層に

は，管理職に向けた単一のキャリアパスからなる人事制度は魅力的でない。個人主体の自律的なキャリア形成に応えていくためには，キャリアオプションの多様化をはかるとともに，人事制度も複線型人事制度に転換していかなければならない。NTTデータでは，プロフェッショナルなIT人材の育成に向け，複線型人事制度を導入しており，11の専門分野ごとのプロフェッショナル職群を自律的に選択できるような仕組みが取り入れられている[12]。

　もう1つは自己選択型ワークシステムともいうべき「ジョブリクエスト制度の導入」である。これはフリーエージェント制（FA）と呼ばれることも多いが，自分がやってみたい仕事を選べる仕組みで，いわば「求職型」の公募制である。これにより，仕事志向，プロフェッショナル志向に裏打ちされて若年層は，自らの意思で仕事の選択が可能となり，自律的なキャリア形成を追求することができるようになる。

12　NTTデータの事例に関しては，栗島（2013）を参照のこと。

第11章
やりがい搾取

　国が豊かになるにつれ，労働者の働く目的は賃金のような経済的な充足から，心理的な充足，つまり「自己実現」や「やりがい」といったものへ移行する傾向にあるといえる。しかしながら，近年の日本においては「自己実現」や「やりがい」が強調されるあまり，それを巧妙に利用し，長時間低賃金で働かせる「やりがい搾取」が，正規・非正規雇用にかかわらず見受けられるようになっている。なぜこのような問題が起こるのか。その原因について，特に心理学的な視点からこの章で考えていきたい。

1　やりがい搾取の現状

1.1　やりがい搾取とは何か

　やりがい搾取を世間に知らしめたのは2006年に出版された『搾取される若者たち―バイク便ライダーは見た!』である。著者の阿部真大が自らのバイク便ライダーの経験を通して，若年労働者が不安定な仕事と知りながらもワーカホリックになっていく謎について迫ったものである。

　バイク便ライダーの仕事は，初心者は時給ライダーからスタートするが，配達のテクニックが上がると，歩合ライダーに転向でき，稼げる仕組みになっている。ただし，高収入を得るには，1つひとつの配達を短時間で済ませなければならないため，かなり危険な運転をしたり，休日もなく働いたりする必要がある。また，一度歩合ライダーになると時給ライダーに戻ることはできない。

怪我をしたり，体力的にきつくなったりすると隠居（退職）するしかないが，隠居は職場で軽蔑される行為である。一方で，配達中の事故で命を落とした人には「好きなことに命を捧げた」というヒロイックな物語が与えられている。

阿部はバイク便ライダーが被害者であるものの，経営者がしかけたトリックというより，一度入ったら抜けられない誘惑する職場のトリックであるため，「自己実現系ワーカホリック」と呼んだ。

それに対し，本田（2007）は，「自己実現系ワーカホリック」という言葉が労働者の動機しか表しておらず，それに付け込もうとしている企業側の意図を強調するために，「＜やりがい＞の搾取」という言葉を使用し，その後「やりがい搾取」という言葉が一般に広まった。

「搾取」とは，「階級社会で，生産手段の所有者が生産手段を持たない直接生産者を必要労働時間以上に働かせ，そこから発生する剰余労働の生産物を無償で取得すること」（『広辞苑』）とされている。長時間労働させながら，適切な賃金を払わず，上司からの暴力暴言が日常茶飯事である明らかにブラックなケースであれば搾取はわかりやすい。しかし，やりがい搾取の問題は，長時間働かされても賃金が支払われているケース，残業代が支払われていなくても正社員であるため問題視されないケース，そして何よりも本人がやりがいを持っているために表面化しないケースもあり，グレーゾーンに位置する。

そこで本著ではやりがい搾取を「法律的にはアウトにならないが，やりがいを持たせることで低賃金，長時間で働かせ続け，利潤を得ても，労働条件を改善するなど従業員に適切に還元しないこと」と定義して進めていく。

1.2　やりがい搾取の類型

本田（2007）は，自己実現系ワーカホリックを成立させる要素として，阿部（2006）の指摘するバイク便ライダーのような趣味性からくるものの他に，他にゲーム性，奉仕性，サークル・カルト性の３つを指摘する。

「ゲーム性」とは，仕事に裁量性や自律性が高く，うまくやりくりすれば収入が上がるという「ゲーム」に没頭していく仕組みで，コンビニ店長のような自営業者的就業形態があげられる。「奉仕性」は，教員，看護師など顧客にサービスを提供することを職務としているヒューマンサービス職で起こりやす

く，顧客への最大限の奉仕という気高い動機自体が「働き過ぎ」を生み出す要因となっている。2018年の働き方改革により，教員が長時間労働にもかかわらず，給特法により残業代が支払われていないことが表面化した。さらにヒューマンサービス業は働き過ぎが生じて「バーンアウト」(燃え尽き症候群)しやすい。近年は顧客からのクレームに対して気持ちを抑えて行う「感情労働」によるストレスが，バーンアウトを促進するリスクがあることも明らかにされている。「サークル・カルト性」とは，仕事の意義についてハイテンションな，しばしば疑似宗教的な意味づけがなされており，飲食店などの接客アルバイト労働において見られる。

　2005年に出版されベストセラーとなった三浦展の『下流社会』では，自分らしさや自己実現を志向する者には下流(意識)の者が多く，自分らしく働くことを追求した結果，低収入の非正規雇用労働者になり，下流化するということが指摘されている。また団塊の世代と比べて，団塊ジュニア世代においては，自己実現を追求した結果，非正規雇用労働者になり，低収入につながっているとしている。ただし，自己実現を追求する者に落ち度があるような書き方をされているが，1995年～2005年頃は新卒採用が超氷河期であった。つまり企業側は若く良い人材を非正規雇用で獲得しやすい時代であった。そのような時代にできたのがやりがい搾取の仕組みである。

2　やりがいと自己実現欲求

2.1　自己実現欲求とモチベーションの理論

　前節ではやりがい搾取が起きている現状を説明したが，本節では自己実現欲求とやりがいについてみていく。自己実現という用語は近年頻繁に使われるようになっているが，自己実現欲求(self-actualization needs)として最初に提唱したのは心理学者のマズロー(Maslow, A.H, 1954)である。マズローは欲求階層説を提唱し，人間の欲求を①生理的欲求，②安全の欲求，③所属と愛の欲求，④承認の欲求，⑤自己実現の欲求に分け，下から上に階層的に構成されているとした(**図表11－1**)。

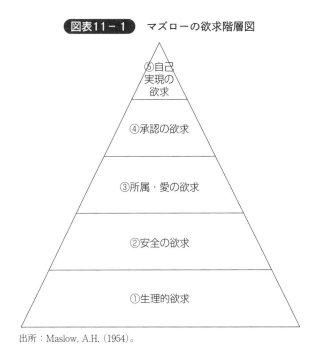

図表11-1　マズローの欲求階層図

⑤自己
実現の
欲求

④承認の欲求

③所属・愛の欲求

②安全の欲求

①生理的欲求

出所：Maslow, A.H.（1954）。

　①生理的欲求は，食欲や睡眠欲などといった人間が生命を維持する上で不可欠のものを獲得しようとする欲求である。②安全の欲求は戦争や天災や病気など，死の危険から逃れたいという欲求である。

　その土台が満たされると現れてくる欲求が，③所属・愛の欲求となる。それは何らかの集団に所属していたり，他者から愛情を受けたりしたいという欲求である。④承認の欲求は，評価や名誉など他者から得たい欲求である。③，④は他者を媒介して充たされる欲求であるため，①，②の生存の基盤を確保しようとする欲求とは質が異なっている。

　⑤の自己実現の欲求は，自分がなりうるものにならなければならないという欲求である。音楽家は音楽を作り，美術家は絵を描くといった自分の本性に忠実な欲求で，内発的に湧き出てくる自分らしさを発揮しようとする願望ともいえる。マズローは低次の欲求が充たされると興味が薄れ，次の欲求に移っていくとしているものの，「高次の欲求は低次の欲求の基礎の上にのみ発達する」

図表11-2　欲求理論の比較

マズローの欲求階層説	アルダファのERG理論	ハーズバーグの2要因理論
⑤自己実現	成長	動機づけ要因
④尊厳	関係	
③社会的		
②安全	生存	衛生要因
①生理的		

出所：著者作成。

　としている。つまり，自己実現の欲求はその他の欲求が充たされて初めて出現する欲求である。

　ところで，マズローの説は実証で証明されたものではないため，それをワーク・モチベーションに絞り，実証研究を行ったのがアルダファ（1972）である。アルダファのERG理論は生存欲求（Existence），関係欲求（Relatedness），成長欲求（Growth）と欲求の階層を3つにまとめている（**図表11-2**）。アルダファの理論の特徴は，3つの欲求が同時に存在したり並行したりすることがあること，高次の欲求が充たされないときは，低次の欲求が活性化することを明確にした点である。

　一方，ハーズバーグは約200人の会計士，技術者に仕事の満足感に関する面接調査を行っている。その結果，仕事に対する欲求は動機づけ要因と衛生要因の2つに分けられるとし，2要因（動機づけ－衛生要因）理論を発表した（1966）。動機づけ要因は，達成，承認，仕事そのもの，責任，昇進など内発的な欲求である。衛生要因は，賃金，付加給付，作業条件，経営方針，上司・同僚・部下との人間関係など，外発的な要因である。この理論の特徴は，2要因が相対するものではなく，2つの分離した要因であるとした点である。動機づけ要因に分類されるものは，充たされなくても不満ではないが，充たされれば満足感を与え，衛生要因に分類されるものは充たされなければ不満を感じるが，充たされても不満が消えるだけである。つまり，ハーズバーグの理論に基づけば，賃金や作業条件は不満を持たせないために必要であるが，動機づけをするには仕事そのものの充実感，達成感，他者の承認などが有効である。

　以上，この項で説明したのはモチベーションの理論の中でも何が人を動機づけるのかに注目した内容理論に分類されるものである。いずれにせよ高次の欲求は低次の欲求と同時，もしくは低次を土台として成立するものである。

2.2　やりがいとは何か

　次に，やりがいという言葉の定義をしていく。「やりがい」という言葉は頻繁に使用されるものの明確に定義されておらず，非常に曖昧な言葉といえる。たとえば，『広辞苑』によれば「するだけの値打ち」と説明されているので，仕事自体にするだけの価値があるかどうかを表しているが，『大辞林』では「ものごとをするにあたっての心の張り合い」となっており，仕事をする上での人の心情を表す言葉となっている。やりがいに類似した概念としては，働きがい，仕事の充実感，職務満足感，従業員満足，前項で述べた自己実現，広義に捉えるとワーク・エンゲイジメントや第9章のディーセントワークなども含まれる。そこで，各定義とそれを規定する要因について**図表11－3**にまとめた。

　やりがいが職務といった個人が担当する仕事に対して使用されるのに対し，「働きがい」は職場や組織など働く場に使用されることが多い。たとえば，Great Place to Work（GPTW）Instituteでは信用，尊敬，公正，誇り，連帯感の5項目を軸とした質問紙調査により，「働きがいのある会社」を世界60カ国以上でランク付けをしている。企業の働きやすさをランキングで示しているため，世界的にも有名な指標となっている。

　「職務満足感」は，上記の中で学術的に最も使用されている用語である。前項で紹介したハーズバーグの理論から派生した概念であり，Job Descriptive Index（JDI）やMinnesota Satisfaction Questionnaire（MSQ）のような信頼性や妥当性を検証した測定尺度がある。「従業員満足」は，職務満足感だけでなく，生活満足，職場満足，企業満足のすべてを包含する広義の仕事に関連する満足の概念とされているが，学術よりも実務で使用されることが多い用語である。一方，「仕事の充実感」は専門用語ではないが定義でやりがいと同義であるとされ，さらに小野（2011）による仕事の充実感を規定する要因9項目には，ハーズバーグの満足要因，JDS，キャリア発達や成長観に関わる尺度も含まれており，具体的である。

図表11-3　やりがいと類似する概念の定義および規定要因

	定　義	規 定 要 因
やりがい	・するだけの値打ちがある（広辞苑） ・ものごとをするにあたっての心の張り合い（大辞林）	
働きがい	個人が組織で働くための必要条件（斎藤，2008）	GPTWでは信用，尊敬，公正，誇り，連帯感の5項目
仕事の充実感	仕事の中で心が満たされている，満ち足りているという心情。やりがい。（実用日本語表現辞典）	好きな仕事・やりたい仕事，自分でコントロールできる，達成感，挑戦性，大きな責任（仕事の範囲，部下の数，予算），自己顕示・承認，被期待感，自己成長感，適切な目標の9項目（小野，2011）
職務満足感	個人の仕事の評価や仕事の経験からもたらされる喜ばしい，もしくは肯定的な感情（Locke，1976）	JDIでは5項目（仕事のタイプ，賃金，昇進の機会，監督，同僚）についての満足度
従業員満足	従業員の広い意味での労働生活に対する要求や期待の総体（岩出，2014）	生活満足，職務満足，職場満足，企業満足の4項目（岩出，2016）
自己実現	外的な条件から規定されるものではなく，内発的に湧き出てくる自分らしさを発揮しようとする願望（Maslow，1954）	
ワーク・エンゲイジメント	ポジティブで達成感に満ちた，仕事に関連のある心の状態である活力，熱意，没頭によって特徴づけられる。（Schaufeli et al.，2002）	ユトレヒト・ワークエンゲイジメント尺度では，活力6項目，熱意5項目，没頭6項目（Schaufeli et al.，2003）。

出所：著者作成。

　「ワーク・エンゲイジメント」は，ワーカホリズムやバーンアウトに相対するものとして生まれた概念である。ワーク・エンゲイジメントとワーカホリズムは共に「没頭」している点が共通であるが，ワーク・エンゲイジメントは「活力」や「熱意」との関連がある一方，ワーカホリズムは「働き過ぎ」と「強迫的な働き方」との関連がある。さらに，ワーク・エンゲイジメントとバーンアウトを比較すると，ワーク・エンゲイジメントが仕事への態度・認知がポジティブで活動量が多い一方，バーンアウトはネガティブで活動量が少ない。

図表11－4　やりがいと類似する概念のマトリックス図

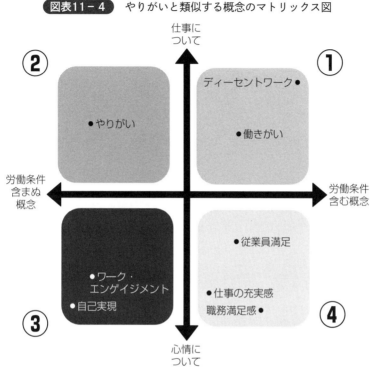

仕事について

② ①

ディーセントワーク●

●やりがい

●働きがい

労働条件
含まぬ
概念

労働条件
含む概念

●従業員満足

●ワーク・
　エンゲイジメント
●自己実現

●仕事の充実感
職務満足感●

③ ④

心情について

出所：著者作成。

　以上のように，やりがいと類似する概念の説明をしてきたが，概念を整理するために，賃金，作業条件，仕事のコントロール性など労働条件を含む概念をx軸に，仕事について示す概念か，人の心情について示す概念かをy軸にし，**図表11－4**のような図で示した。やりがいを定義する上で難しい点は，やりがいが形容詞的に使われる，つまり「やりがいのある仕事」ということであれば②の象限にくる。しかし，名詞として人の心情を表すときは，③の象限（ワーク・エンゲイジメント，自己実現）にも，④の象限（従業員満足，仕事の充実感，職務満足感）にもなり，異なる意味となる。このあいまいさこそ「やりがい」で搾取される土壌になっているのである。

3　やりがい搾取が起こる原因

3.1　やりがい・自己実現の利用

　経済が発達し，暮らしに余裕が出てくると，賃金のような外的報酬よりも，仕事そのものを楽しむ，仕事を通して成長するといった内的報酬を得ようとする。ただし，シャイン（1980）が人それぞれ仕事に求めるものが異なるとした「複雑人モデル」のように，現代の企業は従業員の欲求を充たす多様な従業員サービスを用意していくことが，結果として企業業績を上げていくことにつながる。それが第Ⅱ部の概要（107頁）にあるサービス・プロフィット・チェーンの考え方である。

　しかしながら，やりがい搾取という場合のやりがいは，前節で示したように，図表11－4の③の象限にくる。つまり，企業側が適切な労働条件を整えることのない状態で，労働者側に自己実現やワーク・エンゲイジメントを求めることである。

　マズローの欲求階層説は，原著が十分に確認されることのないまま孫引きされ，単純化された5段階ピラミッドの形（図表11－1）として流用され，大きな誤解が形成されている（佐々木，1996）。特に，労働の現場における誤解は，低次の欲求を否定し，高次の欲求をめざすことが尊いことのようにいわれる点である。企業側が基本的な労働条件を整えず，労働者側が基本的な欲求を充たしていないのに，自己実現に駆り立てるのは理論の誤用であろう。

　一方，労働者側にも自己実現を利用する向きがある。加藤（2008）は，引きこもりの若者の事例から，自己実現を求めるからうまく働けないのではなく，うまく働けないから自己実現を求めると述べている。現代の若者にとって「自己実現」が，適応が順調に進んだ先にではなく，より低次の欲求が疎外されるという不適応時においてこそ求められる概念になっているという。つまり，労働者側にも悪い労働条件で働くしかない，有名企業に入れないといった状況を正当化する手段として，自己実現が誤用されているのである。

　このように働かせる側，働く側が自己を正当化する手段として自己実現を利

用する向きがあり，それが「やりがい搾取」といった状況が生み出される１つの原因となっている。

3.2　日本的雇用慣行の問題

　やりがい搾取の原因として，日本的雇用慣行により生じる正規雇用労働者（以下，正規）と非正規雇用労働者（以下，非正規）の格差があげられる。具体的には，新卒定期一括採用した新入社員を，社内教育訓練や定期人事異動によりゼネラリストとして育成しつつ，定年まで雇い続けるという雇用慣行である。これにより，外部労働市場が発達せず，学生から社会に入る際の就職活動でつまずき，非正規でスタートすると，なかなか正規として雇われるのは難しい。もしくは一度会社を辞めてしまい，転職活動がうまくいかず，非正規になると正規に戻るのが難しい。正規と非正規の差は他の国にもあるが，外部機関による職業能力の向上や大学・大学院での学位取得が認められれば，非正規から正規へ，より良い労働条件の職務へと移動できる機会は日本よりも多い。

　特に，バブル崩壊以降の1995年から10年ぐらいの就職氷河期には大学卒でも正規として採用されなかった人も多く，非正規が増えた時代である。また，社内教育を受けられなかったことがネックとなり，景気が回復してきたとしても，正規として採用されるのは困難である。このような正規と非正規の壁を作ったのは，終身雇用慣行を始めとする日本的雇用慣行であり，正規のルートに乗れなかった人たちがやりがい搾取の対象者となったのである。企業側からすると，非正規で良い人材を獲得しやすい時代であった。

　日本的雇用慣行がやりがい搾取に影響をおよぼすもう１つの点は，正規が労働条件に疎い，もしくは労働条件の話を嫌がる点である。終身雇用慣行は，第二次世界大戦直後のインフレの時代に，労働者側からの要請に応じて企業側が行うようになった慣行である。定年まで雇用の保障をする代わりに企業側が要請したのが，労働者側は何でも企業の言うことを聞くことである。労働組合があれば労働組合が団体交渉をしてくれるが，個人が賃金，配置や異動，労働時間などの労働条件を交渉する機会は少なく，また転職する機会も少ないので，自分の市場価値や他社との労働条件の比較をする機会が少ない。唯一，労働条件を考える機会である新卒定期一括採用時も，新卒者の賃金はそれほど大きな

差がなく，また労働条件を聞こうものなら，仕事に対するやる気がないと評価が下がるため聞きづらい雰囲気がある。日本的雇用慣行は，新卒定期一括採用や終身雇用慣行の見直しにより終わりを告げようとしているが，その下でできた労働条件や労働法といったことを細かく言う人が疎まれる雰囲気は制度とは違い，簡単に変わるものではないであろう。

3.3　若年層のキャリア教育の問題

　良い高校に入り，良い大学に入り，良い会社に「就社」し，定年まで同じ企業で働くという時代はすでに終わり，学生時代から10年後，20年後の未来を考え，キャリアデザインする時代になってきている。大学でもキャリア教育を行うのが当たり前になっているが，そのきっかけは2011年に大学設置基準および短期大学設置基準の改定により，キャリアガイダンスを教育課程に組み込むことが求められた。これは2005年頃に問題になっていたニート対策であるともいわれている。

　大学でのキャリア教育は，主に①自分の適性を知るためのもの，②仕事を知るためのもの，③自分と仕事をつなぐためのもの，④就活を支援するためのものの４つに分けられる（榎本，2012）。具体的には，①は自己分析や適性検査，②はインターンシップ，企業の方の講演，③はキャリアデザイン教育，④はエントリーシート指導，模擬面接，ビジネスマナー講座，キャリアカウンセリング，といったことが行われている。

　自己分析や仕事を知るための授業は多い。また，第２節に記したように「仕事の充実感」であれば，好きな仕事・やりたい仕事からだけではなく，自分でコントロールできること，達成感，挑戦性，大きな責任，自己顕示・承認，被期待感，自己成長感，適切な目標があるなど多様な機会に得ることができる。しかし，働いた経験のない学生は好きな仕事・やりたい仕事に特化して考えがちである。さらに，森（2013）は，みんなが行きたがる会社，つまり人気のある業種を自分も「好き」だと思い込んでしまう傾向があることを指摘している。キャリア教育によって，「仕事は楽しいものだ」，「仕事を好きにならなくてはならない」という幻想を持っていると，ちょっとした些細なことが気になって，辞めてしまう可能性もある。

　乾（2002）は，やりたいことを志向させる社会では，やりたいことがみつからない人は「就職できないことがやりたいことが見つけられない自分のせいである」と思い込み挫折感を味わうことになるという。一方で，やりたいことがあるから就職しない人には「やりたいことを達成できない」という挫折感を味わわせてしまうという。

　また，キャリア教育はキャリア心理学がベースとなっており，賃金や労働条件などの経営的な視点が弱い。キャリア教育ではやりたいことだけを追求させるのではなく，生涯年収，安定性，将来性も合わせて教育していく必要がある。

3.4　認知的不協和理論

　ブラック企業，ブラックバイト，ブラック部活など，様々な用語が生み出されているが，その説明で使用されるのが認知的不協和理論である。認知的不協和理論とは，フェスティンガー（Festinger, L.）が1957年に提唱した社会心理学の理論である。

　認知的不協和とは，人間が自分の認知に矛盾を感じて不快になったときに，その矛盾を何らかの方法によって解消しようとすることである。例としてよく用いられるのが喫煙者である。「煙草を吸う」という事実と「煙草を吸うと肺癌になりやすい」という知識が相矛盾し不快になる。これを解消する方法として，行動を変える方法と，考えを変える方法がある。行動を変えるというのはこのケースでは禁煙をすることである。一方，考えを変えるには3つの方法があり，①認知要素を矛盾のない考えにする（煙草は健康に悪くないと考える），②不協和な認知要素を低下させる（煙草を吸っても長生きしている人がいると考える），③新たな認知的要素を加える（煙草を吸っているとストレスが解消できると考える），といったことがあげられる。

　小坂井（2014）は，フェスティンガーの認知的不協和理論の特徴は，個人や社会が変化せずに同じ状態を維持するプロセスに注目している点であるという。つまり，これまでしてきた行動を変えるよりも，これまでしてきた行動を維持するためにどうすればよいかというプロセスに光を当てている点である。

　バイク便ライダーの「やりがい搾取」のケースも，好きなバイクで行う仕事であるが，「身体を壊しそうなほど働きづめである」，「生活が成り立たないよ

うな賃金しかもらえていない」,「雇用が不安定である」, という認知的不協和を軽減するために,「やりがいがある仕事だ」と考えることで, 行動を維持できるわけである。また, 同じような境遇の仲間がいると,「みんなもやり続けているから」と認知的不協和を軽減することができる。

　さらに, フェスティンガーは考えを変えて自らの行動を正当化させることによって, その行動自体がさらに長続きする点を指摘している。つまり, 認知的不協和が起こった際, やりがいがあると自らの行動を一度正当化してしまうと, その考えは強固になり, 他人からの意見を聞き入れづらくなる。当事者自身がやりがいを感じている「やりがい搾取」の問題はだからこそ複雑なのである。

4　働きがいのある会社と仕事の充実感

　少子化が進み今後は労働人口が減っていくことが予想される。企業はやりがいによって良い人材を獲得できたとしても, 様々な条件を整えなければリテンションすることは難しくなるであろう。IT業界は一時期, 長時間労働でキツイ仕事といわれていたが, 多くの若手労働者を必要としており, 2018年に働き方改革法案が成立する以前に, いち早く長時間労働を改善する取組みを行った。しかし, 長時間労働が問題になっている教員, 医師, 看護師や, 低賃金が問題になっている介護士, 保育士についてはいまだ改善されていないようである。これらの仕事に就く人が極端に減ってしまっては, 一組織というより社会が成り立たなくなる。公企業にせよ私企業にせよ, 企業として継続していくには, 人的資源管理として「働きがいがある組織」を指向する必要がある。

　一方で, 労働者がやりがい搾取されないためには, 労働条件や労働法といった働くルールを軽視しないことである。また, やりがいを好きな仕事, やりたい仕事といった狭義ではなく, 仕事の充実感という広義の意味で捉え, 責任がある仕事や期待されることからもやりがいを得られることを知ることである。2019年に経団連とトヨタが相次いで終身雇用維持は難しいことを発表し, さらに2021年卒業の学生からはこれまでの就活ルールがなくなることになった。このような流れの中で今後は欧米のような専門職指向の働き方が中心となるであろう。また, 雇用の流動化が進み, 労働者自らがやりがいと賃金のバランスを

考え，キャリアプランを立てる必要性が高まっている。

　欧米においてはUberやAirbnbなどの経済活動（ギグ・エコノミー）が活発になり，それら単発の仕事を請け負う人（ギグワーカー）が増えている。アメリカでは労働者に占めるギグワーカーの比率は，2005年の10％から2015年には16％近くに跳ね上がっている（ペトリグリエリ他, 2019）。転職，副業，ギグワーカーが増える時代には，労働者側も賢くならなければ，やりがい搾取されるだけなのである。

第12章
ハラスメント

　職場での人間関係に悩む者は多い。その要因は様々であるが，その悩みの種が上司との関係であったらどうだろう。上司を選択する自由は私たちに与えられていない。また上司が男性であり部下が女性の場合でのトラブルでは，別の問題も生じてくる。本章では日本におけるハラスメント問題の代表であるパワーハラスメントとセクシュアルハラスメントを中心にハラスメント問題についてみていこう。またハラスメント問題は「上司と部下」，「男性と女性」の関係性に限定した問題ではないことも確認していきたい。

1　ハラスメントとは

1.1　見過ごされてきたハラスメント

　日本の労働環境において拡大している問題の1つにハラスメントがある。ハラスメントについての報道は近年多くなされ，教育機関やスポーツ界などでのその実態がマスメディアに日々登場し，その様子が伝えられている。そうしたハラスメントは「職場」でも発生しており，深刻さという点では同様でありつつも職場のハラスメントが報道されるのは一部である。職場のハラスメントは職場という日常の中で発生しているため問題視しにくい面もあるだろう。しかし，だからこそ見過ごすことのできない問題であるといえる。本章ではそうした職場におけるハラスメントについてみていくことにする。

1.2　ハラスメントへの注目

　職場におけるハラスメントは，これまでは一般的に「いやがらせ」として扱われることが多かった。その結果として問題行為ではありつつも，取り締まるほどでないものとして処理される傾向にあった。そうした経緯により職場のハラスメントへの対応は，個別企業の水準での対応・措置に止まっている傾向にあり，その解決は個別企業の水準における経営者・管理職の判断に委ねられていた。しかしながら，世界的にハラスメントへの関心が高まる中で日本でも新たな対応が求められている。

　国際的にハラスメントが問題視される契機となったのはアメリカの精神科医キャロル・ブロッキィの書籍『ハラスメントされる労働者』とされ，その後フランスで精神科医マリー＝フランス・イルゴイエンヌの書籍『モラル・ハラスメント』がベストセラーとなったことも大きい。さらにメディアにてハラスメントの概念が取り上げられることも増加し，見過ごされがちな「いやがらせ」ではなくハラスメント問題として取り扱われようになってきた。その実態は「いやがらせ」ではなく大人の「いじめ」と言われることもある。

1.3　日本のハラスメント

　日本の職場でのハラスメントの代表的なものに，パワーハラスメントとセクシュアルハラスメントがある。日本では職場の上司からの「いやがらせ」をパワーハラスメント，男性社員の性的な「いやがらせ」をセクシュアルハラスメントと呼ぶ傾向がある。どちらも職場におけるハラスメントの代表的なものであり，以下ではその特徴を見ていくことにする。後述するが，これらのハラスメントは上司から部下，男性から女性という一方的なものに限定できない点にも注意したい。

2　パワーハラスメント

2.1　パワーハラスメントの定義

　厚生労働省はパワーハラスメント（以下：パワハラ）を次のように定義している。パワハラとは「同じ職場で働く者に対して，職務上の地位や人間関係などの職場内での優位性を背景に，業務の適正な範囲を超えて，精神的・身体的苦痛を与える又は職場環境を悪化させる行為」である。また次のような条件を追加している。①上司から部下に対するものに限られず，職務上の地位や人間関係といった「職場内での優位性」を背景にする行為が該当すること，②業務上必要な指示や注意・指導が行われている場合は該当せず，「業務の適正な範囲」を超える行為が該当すること，といった点である。以下では「職場内の優位性」と「業務の適正な範囲」の説明をする。

2.2　「職場内の優位性」と「業務の適正な範囲」

　パワハラは，上司から部下へのいやがらせのように見えるのは上下関係に潜むパワー関係が背景にある。会社組織における公式の権限（authority）の体系から生じるパワー関係が「職場内の優位性」となり，場合によってハラスメントを発生させる。その「職場内の優位性」は様々なパワーにより生じており，パワーの源泉とその影響力を誤用した場合にパワハラは発生するのである。パワーの源泉と影響力に関しては**図表12-1**にある。ICTなどの技術革新が盛んになる中で，専門性パワーは年齢に関係なく生じるようになりつつある。その結果，部下から上司への影響力として行使される場合もある。

　公式の権限の体系ほどは強くない場合でも先輩と後輩の間においてパワー関係としてあらわれ，ハラスメントになる場合もある。「職場内の優位性」には，「職務上の地位」に限らず，人間関係や専門知識，経験などの様々な優位性が含まれており，同僚間，さらには部下から上司に対して行われることもある。

　また業務上の必要な指導に不満を感じるケースも，業務上の適正な範囲で行われている場合には，パワハラにはあたらない。上司は自らの職位や職務に応

図表12－1　5つのパワーの源泉とその影響

パワーの源泉	影　響　の　例
報酬パワー	上司は部下に対して報酬を与えることができるという考えに基づくパワー
強制パワー	上司は部下に対して，従わなければ罰を与えることができるという考えに基づくパワー
正当性パワー	上司は部下の行動に影響を及ぼすべき正当な権利を持ち，これを受け入れるべきであるという考えに基づくパワー
準拠性パワー	上司に対して魅力を感じ，一体でありたいと願うことにより生じるパワー
専門性パワー	上司は特定の知識や技術に関して，自分よりも優れている考えに基づくパワー

出所：French & Raven（1959）を参考に筆者作成。

じて権限を発揮し，業務上の指揮監督や教育指導を行い，上司としての役割を遂行することが求められる。職場のパワハラ対策は上司の適正な「指導」を妨げるものではなく，各職場で何が業務の適正な範囲で何が不適正であるかの範囲を明確にする取組みを行うことによって，適正な指導をサポートするものでなければならない。

　具体的なパワハラ案件が発生した場合に，それがパワハラであったかどうか判断をするには，行為が行われた状況に関しての詳細な事実関係を把握し，各職場での共通認識や判例を参考にしながら判断する必要がある。次に指導とパワハラの違いについて確認していこう。

　また指導とパワハラの違いについても触れておく必要がある。「業務の適正な範囲内」における指導や注意を受け，その行為をパワハラと認識してしまう場合がある。その要因としては，指導とパワハラの違いが明確に認識されていないためである。厳しい指導や注意など叱責された経験がない人物は，パワハラと誤認する可能性がある。そのため新入社員に対して叱られる研修が実際に行われている。そうした研修が必要になる程度に厳しい指導へ不慣れな傾向があるのだ。また同時に上司も古典的な叱責のみではリーダーシップを発揮できない状況になりつつあるもの現実である。そうした状況の中で上司の叱責の仕方が一線を越えてパワハラになるのを回避する研修も実施されている。その1つにコーチング技法研修がある。コーチングとは上司が一方的に教えを説くの

ではなく，対象者に働きかけ問いかけていく中で自然と気づきの生まれるような指導の方法である。コーチング技法の研修では，頭ごなしに部下を叱責するのではなく，部下の意見を聞くことが求められ，課題に対する答えは部下自らにどうやって気づかせるのかという姿勢で取り組む。

　指導の内容が厳しいものであっても行動の改善を促すもので，かつ「業務の適正な範囲内」であれば，それは指導として成立する。

2.3　パワハラの分類

　前述したようにパワハラとは「同じ職場で働く者に対して，職務上の地位や人間関係などの職場内での優位性を背景に，業務の適正な範囲を超えて，精神的・身体的苦痛を与える又は職場環境を悪化させる行為」のことである。ここでは「精神的・身体的苦痛」および「職場環境を悪化させる行為」の内容について確認していく。まず厚生労働省によるパワハラの分類について見ていくことにしよう（**図表12-2**）。職場の問題を中心としているため深くは触れないが，家庭内のパワハラのことをモラルハラスメントと呼び，近年問題となりつつある。日本でも女性の社会進出が求められる中で注目を集めている。

　「身体的な攻撃」とは文字通り蹴ったり，殴ったり，身体に危害を加えるタイプのパワハラである。例としては提案書を上司に提出したところ，大声で怒鳴られたりペンを投げつけられたりする。こうした物理的に社員の身体に危害を加える行為は身体的攻撃型のパワハラの特徴である。書類を投げつけるよう

図表12-2　厚生労働省によるパワハラ分類

パ ワ ハ ラ	具 体 的 な 行 為
① 身体的な攻撃	暴行，傷害
② 精神的な攻撃	脅迫，侮辱，過度な暴言
③ 人間関係からの切り離し	隔離，仲間外し，無視
④ 過大な要求	業務上で不可能な作業を要求，強制，妨害
⑤ 過小な要求	業務上で非合理的な作業を要求，仕事を与えない
⑥ 個への攻撃	私的なことに過度に立ち入る

出所：厚生労働省監修「あかるい職場応援団」。

な行為によって部下や同僚を威嚇し，従わせようとすることもこのパワハラに該当する。

　「精神的な攻撃」とは言葉や態度による攻撃により危害を加えるタイプのパワハラである。例としては職場内で上司から，「バカ」「使えない」などの言葉を毎日のように浴びせられ，精神的に疲労させる。また教育訓練という名目で懲罰的に社訓を複写させる。結果的に被害者以外の周囲の同僚も怯えて職場環境を極めて悪化させるという行為は，精神的攻撃型のパワハラの特徴である。こうした暴言による精神的な攻撃は，原則として「業務の適正な範囲」を超えるものでありパワハラに該当する。

　「人間関係からの切り離し」とは，職場での人間関係のネットワークから遮断することで，そこに居るにもかかわらずまるで存在しないかのように扱うパワハラのことである。例としては仕事のやり方をめぐって上司と口論となった後に必要な資料が配布されない，無視される状態が継続しているといったものである。無視や仲間外しなど仕事の円滑な進行を妨害する行為を行えば「人間関係からの切り離し」型のパワハラとなる。

　「過大な要求」とは，遂行不可能な業務を押し付けるパワハラである。例として重要な取引先の仕事であることを前提に，一晩では処理しきれない量の業務を命令されることや，そうした命令により毎晩徹夜をしている状況に追い込まれるといったものである。ただし単に仕事の量が多いだけではパワハラとはならない。しかし，個人の能力や経験を超え，かつ他の社員よりも著しく多い業務量を課すことは，「過大な要求」型のパワハラに該当する。また見せしめ的・懲罰的に始末書の提出を求めることもパワハラに該当する。

　「過小な要求」とは，過大な要求とは逆に仕事をさせないことや本来の仕事を取り上げるパワハラである。たとえば営業職として採用された従業員に対して，営業としての仕事を与えずに倉庫の整理ばかりさせるといった行為である。このケースにおいても「業務の適正な範囲」を超えているか否かが論点となる。そうした行為が行われた状況やその行為が継続的であるかどうかにより決定する。必要な業務であるか否かは職場での認識を共有する必要がある。

　「個の侵害」とは，個人のプライバシーを侵害するパワハラである。たとえば年次有給休暇を取得しようとしたところ，理由を問われ答えなければ取得を

許可しないと言われる。仕方なく旅行に行くと答えたならば今度「誰と，どこへ行くのか，宿泊先はどこか」などと執拗に問われるといったものがある。労働基準法上では年次有給休暇をする際に休暇の理由を申し出る必要はなく，業務上必要な情報の収集以外で，私生活や休日の予定を聞くことは「個の侵害」型のパワハラになる。このケースにおいても「業務の適正な範囲」を超えているか否かが論点となる。

3　セクシュアルハラスメント

3.1　セクシュアルハラスメントの定義

　職場におけるセクシュアルハラスメントは（以下，セクハラ）はパワハラと並んで職場のハラスメントの代表的なものである。厚生労働省の公表したセクハラ対策資料によると「職場におけるセクシュアルハラスメントは，働く人の個人としての尊厳を不当に傷つける社会的に許されない行為であるとともに，働く人が能力を十分に発揮することの妨げ」になり，「それはまた，企業にとっても，職場秩序の乱れや業務への支障につながり，社会的評価に悪影響を与えかねない問題」であると定義されている。「また，性別役割分担意識に基づく言動は，セクシュアルハラスメントの発生の原因や背景となる」ことがあるとして今日のセクハラの原因として取り上げている。セクハラが企業と個人の両方にとって被害を与えると理解されつつある中で，すべての労働者がセクハラのない職場で働くことできる雇用環境を整備することが求められている。

3.2　セクハラの現状

　男女雇用機会均等法（以下，均等法）の施行された今日においてもまだ職場におけるセクハラは多く残っている。1999年の均等法の改正により事業主にセクハラ防止の配慮義務が課され，2007年には措置義務化された。また2007年の改正では女性のみならず男性も対象に含むことが決定された。さらに2017年よりLGBT（性的マイノリティの総称）へのセクハラにも対応が義務化された。
　セクハラは犯罪件数と同様に発見されなければ存在しないものと処理されて

しまうため，その実数の把握は困難である。ただし都道府県労働局雇用均等室に寄せられる均等法に関する相談の最も多い項目がセクハラの相談となっている点から判断すると，国内の職場でのセクハラ案件は相当数に上ることが予想される。雇用上の「性差別」の項目以上にセクハラに関しての相談が多いことから，問題への関心の高さがうかがえる。その他の婚姻，出産，育児に関する相談の件数の多い点は本章 4 節で触れる。

　職場におけるセクハラは働く個人の尊厳を不当に傷つけるだけでなく，職場への不信感から働く個人の能力の発揮することの妨げにもなりうる。さらに職場におけるセクハラはいったん発生すると被害者の精神的な負担から業務の継続が困難な状況に陥る場合があり，状況が改善されない場合には離職という結果を招くこともある。またそうした状況を引き起こした行為者（加害者）も会社にとどまることが困難な事情から退職に至る場合があり，双方にとって取り返しのつかない状況となりうる。企業にとってもそれは大きな損失であり，そうした状況を未然に防ぐことが企業には求められている。

　近年では男性から女性へのセクハラのみではなく女性から男性へのセクハラや，同性同士でのセクハラ案件も発生している。男性から女性へのセクハラの存在にばかり目を向けていると問題を見過ごしたり，問題を隠蔽してしまったりすることになる。男性から女性への行為という固定観念を取り去った対応が必要である。こうした事情を踏まえ均等法でも，職場におけるセクハラの対象を男女労働者とするとともに，その未然の防止のための方法として，労働者からの相談に応じること，適切に対応するために必要な体制の整備をすること，その他の雇用管理上必要な措置を講ずることを事業主に義務付けている。

3.3　法律上の「職場でのセクハラ」とは

　ここでは法律上の「職場におけるセクハラ」の意味する点を理解するために均等法でのセクハラの取扱いを確認していく。職場におけるセクハラの条件は，①「職場」において行われること，②「労働者」の意に反する行為であること，③「性的な言動」に対する労働者の対応により労働条件について不利益が生じること，④「性的な言動」によって就業環境が害されること，⑤同性に対するものも含むこと，である。セクハラの範囲を確認するために，「職場」，「労働

者」，「性的な言動」の内容を確認していく。

　まず「職場」とは労働者が業務遂行をする場所を指す。労働者が通常の業務をしている場所以外の場所であっても，労働者が業務を遂行する場所であれば「職場」に含む。勤務時間外の「宴会」「懇親の場」などであっても，参加が義務となっている場合には，実質的な業務遂行の延長と考えられるものとして「職場」に該当する。その他の職場の例には，取引先の事務所，顧客の自宅，出張先，取引先との打合せのための飲食店，取材先，業務で使用する車中も含む。つまり業務に関連すると思われる過程を行う場所はすべて「職場」に相当する。職場と認められるかどうかは，業務との関連性，参加の強制・任意という点を考慮して判断する必要がある。

　次に「労働者」とは正規雇用労働者だけではなく，パートタイム労働者，契約社員，派遣労働者などの非正規雇用労働者も含む。つまり事業主が雇用するすべての労働者のことを指す。また派遣労働者に関しては，派遣元事業主だけでなく，派遣先事業主も措置を講じる必要がある点に注意しなければならない。

　最後に「性的な言動」とは，文字通り性的な内容の発言と性的な行動を指す。具体的な①性的な内容の発言，②性的な行動は以下のような例がある（**図表12-3**）。こうした性的な言動や行動により従業員の就業意欲を低下させ，能力発揮を阻害する行為，および性的な言動に対して拒否等を行った部下等従業員に対する不利益取扱いをする行為も当然のことながらセクハラである。

　前述の「職場」には様々な関係者がおり，事業主，上司，同僚に限らず，取引先，顧客，患者，学校における生徒などもセクハラの行為者になりえる。繰

図表12-3　性的な言動の例

① 性的な内容の発言	性的な冗談，からかい，質問 性的な情報・噂の流布 食事やデートへの執拗な誘い 他人に不快感を与える性的な言動
② 性的な行動	交際・性的な関係の強要 身体への不必要な接触 わいせつ図画の閲覧・配布・掲示 強制わいせつ行為・強姦など

出所：人権啓発活動ネットワーク協議会（2010）より筆者作成。

り返しになるが，同性間のセクハラが成立するため，同僚同士の軽口のつもり
がセクハラになりえる点には注意が必要である。

3.4　対価型・環境型セクハラ

　均等法において，セクハラは大きく2つに分類される。それが「対価型セク
ハラ」と「環境型セクハラ」である。

　「対価型セクハラ」とは，職場において労働者の意に反する性的な言動が行
われ，それを拒否したことで雇用上の不利益を受けることである。上司からの
食事の誘いを断ったがために不利益な配置転換が行われるといったものが代表
例である。これは上司との関係であればパワハラに類似するものである。こう
した対価型セクハラとは厚生労働省の対策資料によれば「労働者の意に反する
性的な言動に対する労働者の対応（拒否や抵抗）により，その労働者が解雇，
降格，減給，労働契約の更新拒否，昇進・昇格の対象からの除外，客観的に見
て不利益な配置転換などの不利益を受けること」と説明される。

　次に「環境型セクハラ」とは，性的な言動が行われることで職場の環境が不
快なものとなったため，労働者の能力の発揮に大きな悪影響が生じることであ
る。こうした環境型セクハラとは同対策資料によれば「労働者の意に反する性
的な言動により労働者の就業環境が不快なものとなったため，能力の発揮に重
大な悪影響が生じるなどその労働者が就業する上で看過できない程度の支障が
生じること」と説明される。

　また近年の傾向としてインターネットを通じたセクハラにも注意しなければ
ならない。対価型・環境型セクハラは昔から存在しつつハラスメントとして，
改めて取り上げられたのに対して，SNSの普及により新たに発生したのが妄想
型セクハラである。これは業務内容についてSNSで連絡をとっているうちに関
係性が深まったと勘違いし，公私混同の度合いが拡大するうちにセクハラにな
る。

　セクハラの発生する状況は多様であり，その行為がセクハラであるかという
判断にあたり個別の状況を確認する必要がある。また対価型・環境型セクハラ
の説明の中にあった「労働者の意に反する性的な言動」および「就業環境を害
される」の判断にあたっては，被害を被った労働者の主観を重視しつつも，事

業主の防止のための措置義務の対象となることを考えると一定の客観性が必要となる。

　意に反する身体的接触によって強い精神的苦痛を被る場合には，たとえ1回でも就業環境を害すればセクハラに該当する。そうではなくとも継続して行為が繰り返され「明確に抗議しつつも放置された状態」または「心身に重大な影響を明らかに受けている場合」には，就業環境が害されていると判断できる。また趣味嗜好などの認識の違いにより生じる問題がある場合には，被害を受けた労働者の「平均的な感じ方」を基準とすることが適当である。平均的な価値観についても職場の単位で確認をとることが必要となる。また現代ではマイノリティの価値観についても相互理解が必要である。

3.5　その他の留意点

　対価型セクハラには学生の立場であっても気をつけなければならない点がある。昨今の経済事情を踏まえ，より有利な就職先を求める学生の動きを逆手にとったセクハラがある。内定先の人事担当者に性的関係を迫られ，拒否したならば「内定を取り消す」といったケース，また類似したケースでOB・OG訪問をした相手から「相談に乗る」といいつつ，セクハラ案件になった場合もある。また大学教員から就職活動や卒業に関しての相談をする中でセクハラに発展するケースもある。こうした就職に関連するセクハラへは企業の目の届かない場合も多くあり，学生・大学関係者は注意しなければならない。

　また2017年以降ではLGBTに関する不適切な言動もセクハラの対象になることが決定したのは人権の点から進歩といえる。具体的には「性的指向（Sexual Orientation）」，つまりは恋愛感情または性的感情の対象となる性別についての指向に関しての差別や，「性自認（Gender Identity）」，つまりは自己の性別についての認識のことに関する差別に関してもセクハラの対象となっている。

　これまで述べてきたように，日本の職場におけるハラスメントはパワハラとセクハラを中心に議論がなされてきた。この傾向は厚生労働省のハラスメントの扱いからも顕著である。パワハラとセクハラへの対応以外では妊娠・出産・育児に関するハラスメントが触れられてはいるが，まだ端緒が開かれたというところである。そうした現状を踏まえ，最後に職場全体におけるハラスメント

の存在を明らかにしつつ，その対応に関して紹介していく。

4　職場のハラスメントをなくすために

4.1　職場のハラスメント

　職場のハラスメント全体について確認していく。職場のハラスメントを4つのタイプ別に分類したものが**図表12-4**である。これまでに説明してきたパワハラやセクハラと重なる部分もあるが，その全体像を概観しよう。

　①業務型では，仕事内容に関するものを中心に分類されており，長時間労働，サービス残業やノルマ設定などの業務指示を通じてのハラスメントである。②労務管理型では，雇用された従業員に対して人事管理上の仕組みを間接的に用いてハラスメントを行っている。③個人攻撃型では，行為自体が反社会性のある犯罪行為ともいえるハラスメントである。④差別型では，変更のできない個

図表12-4　職場のハラスメント分類

大　分　類	小　分　類
①　業務型	長時間労働・過重労働型 指導・教育型 被害者の弱い立場への無配慮 不必要業務・違法労働・懲罰的労働 アカデミックハラスメント
②　労務管理型	人事管理型（労働条件変更・異動・配置転換） 退職強要型（転職・退職の不自由） 制度悪用型（罰金・告発への報復，労災隠し） 個人の自由の抑圧（職場内の村八分）
③　個人攻撃型	暴力行為型・犯罪行為型 プライバシー侵犯型（交際の干渉・強制） アルコールハラスメント
④　差別型	性差別（妊娠・育児・LGBT） 年齢差別（定年再雇用・若年定年） 障害者差別（最低賃金問題） 国籍・人種差別（在日・外国人技能実習生）

出所：大和田（2018）を参考に筆者作成。

人の属性について差別的な行為を行うハラスメントである。本来的には差別禁止法で対応が必要となる領域である。

　職場でのハラスメントでも，顧客や利用者からのハラスメントが問題視されている業界もある。たとえば，鉄道，医療・介護や教育などの現場において，乗務員，看護士・介護士や教員に対して，乗客，利用者などから過剰なクレームや暴力・暴言などのハラスメントが報告されている。こうした業界では対人サービスが要求される業界であり，利用者に対して過剰な奉仕精神を要求される傾向がある。この問題は感情労働という言葉で説明されることもある。感情労働とは，顧客対応において顧客満足のために自分の感情を抑圧して奉仕する働き方と説明される。おもてなしの精神は大切であるが，やはり「業務の適正な範囲」に関しての合意を形成しておくことが必要である。

　近年では女性差別の1つの妊娠・出産・育児にまつわるハラスメントであるマタニティハラスメントに注目が集まっている。その要因は日本社会における「性別役割分業意識」にある。性別役割分業意識とは，性差によって社会および家庭での役割が異なり，端的には男性は外で働き金を稼ぎ，女性は家庭内で働き家事と育児をするという考え方である。1960年代の日本の高度経済成長期に普及・定着し，今もなお根強く残っている考え方である。均等法施行以降でも男性社員のみならず女性社員にも育児をするのは女性という考え方を抱かせる要因となっている。結果的にこうした発想がハラスメントを助長しているのである。また育児のために育児休暇を取得する男性社員に対するパタニティハラスメントも存在する。

4.2　ハラスメントの影響

　ハラスメント案件が発生した場合の影響の1つは，法的責任に関わる問題である。もう1つは職場の日常業務に関わる問題である。前者が刑法，労働法，そしてメンタルヘルスに関わる水準の対応課題である。法律に則した対応が必要であり，法的な対応問題になれば職場への影響の規模も大きくなることが予想される。後者は日常業務のマネジメントに関わる対応課題である。日常業務の中でハラスメント対応が頻繁に行われている場合，企業の生産性にも多大な影響を及ぼす。

　近年の労働問題を考える上で，ブラック企業に関する点も見ていこう。ブラック企業の特徴は，①劣悪な労働条件（長時間労働，低賃金，残業代未払い），②ハラスメント，③経営方針（コンプライアンス違反）から把握することが可能である。ハラスメントに対する意識の低さは，結果的にブラック企業への道をたどる可能性が高い。労働力不足が加速する中で，優秀な人材を確保するためにもハラスメント対策は必須であるといえる。

4.3　ハラスメント対策

　ハラスメント対策には，まず社会全体として明確にハラスメントに反対する合意形成が必要である。そうしたハラスメントのない社会という基本的な理念を浸透させることが不可欠である。理念の浸透と同時に具体的にどのようにハラスメント行為を規制するのかという課題が浮上する。法的にはハラスメントを予防する事前規制の立場とハラスメントに対する厳罰化の事後規制という2つの立場がありえる。日本の場合は罰則規定の厳罰化については慎重な傾向があるため事前規制（予防）の考えが効果的である。

　図表12－5が厚生労働省の示したパワハラ対策の指針であるが，職場のハラスメント全体に拡大して理解することも可能である。

図表12－5　ハラスメント対策の指針

予防のために	
トップのメッセージ	組織のトップが，職場のパワハラは職場からなくすべきであることを明確に示す
ルール決定	就業規則に関係規定を設け，労使協定を締結
実態の把握	社内にて従業員アンケートの実施
教育	社内研修の実施
周知・啓蒙	社内にて組織の方針や取組みについて周知・啓蒙
解決のために	
相談・解決の場の提供	企業内・外に相談窓口を設置 職場の対応責任者を決定
再発防止の取組み	行為者に対する再発防止の研修の実施

出所：厚生労働省「あかるい職場応援団」HPより筆者作成

　2020年6月に，ハラスメント防止措置が事業主の義務となった。またハラスメントの指針が明示された点も一歩前進といえる。しかし，価値観と行動の変更は即座に行うことは難しく，そうした現状を踏まえ当面は予防的な対応が中心となることが考えられる。今後は，これまで当たり前だったものでもハラスメントになりえる。そうした価値観の改正も含めたハラスメント教育も一層必要となると思われる。

第13章
ダイバーシティ・マネジメント

　近年，ダイバーシティ・マネジメントは，日本企業のホットなテーマの1つになっている。そこには，企業経営をめぐる大きな環境変化がある。本格的な少子高齢化の出現，働く人口の減少，女性の社会進出と能力活用，グローバル社会の進展などの背景がある。一方，経営戦略の視点からダイバーシティ・マネジメントを競争優位の源泉とみなし，組織改革やイノベーションの主体としても注目を浴びている。しかし，現在の状況は本来のダイバーシティ・マネジメントを追求する視点ではなく，人手不足の穴埋めや非正規社員の増加などの問題も含まれている。このような問題意識をもとに，本章ではダイバーシティ・マネジメントの理解，実態・問題，制度の導入背景，先進事例を中心に，展開していきたい。

1　ダイバーシティ・マネジメントの意味と現状

1.1　ダイバーシティ・マネジメントとは

　一般的に，ダイバーシティは，個人の持つあらゆる属性のことであり，表層的なものと深層的なものに大別される（**図表13－1**）。前者は，表層的なものとしての個人の属性における領域である性別，世代，国籍，人種，LGBT，障がいの有無などの違いのことである。後者は，深層的なものとして，外見から判断しづらく，習慣，価値観，知識，職歴などであり，さらには仕事に直接関係のある勤続年数，雇用形態，就労形態の多様性と働き方の時間・空間の柔軟

◆ 177

図表13-1　ダイバーシティ・マネジメントとダイバーシティ

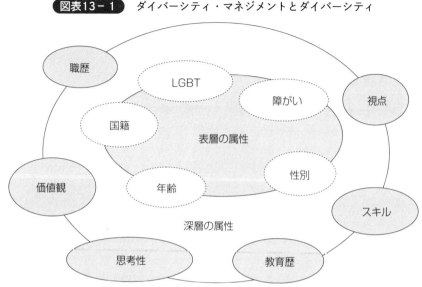

出所：NTTデータ研究所（2018）。

性のことである。また，ダイバーシティは「人材のダイバーシティ」と「働き方のダイバーシティ」に分類される。

　したがって，ダイバーシティとは表層の属性と深層の属性を含めて，人の個人の属性である人材のダイバーシティと仕事と直接関連する働き方のダイバーシティのことである。一方，ダイバーシティ・マネジメントとは多様な人材がその能力を最大限に発揮できる機会を提供し，その組織力や価値創造を通して，企業の競争力を高めていく経営手法の1つである。すなわち，属性の異なる多様な人材を尊重し，その能力を生かすことで，組織のイノベーションを起こし，組織の成果につなげることや多様な働き方を通して，経営環境変化に対応することである。日本企業の場合は，**図表13-2**で示すように，組織イノベーションと組織成果を求めるために，女性，高齢者，障がい者，外国人の活用と雇用形態などの多様な働き方を活用することがダイバーシティ・マネジメントの目的になっている。しかし，欧米と異なり，その中心は女性および高齢者の活用と働き方の改革がその対象になっている。

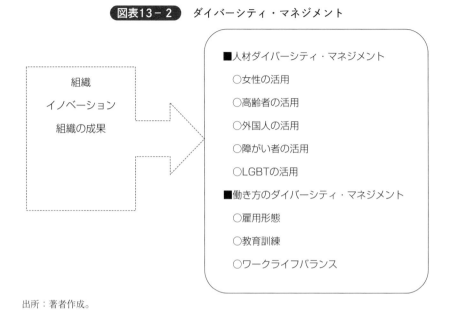

図表13-2　ダイバーシティ・マネジメント

組織
イノベーション
組織の成果

■人材ダイバーシティ・マネジメント
　○女性の活用
　○高齢者の活用
　○外国人の活用
　○障がい者の活用
　○LGBTの活用
■働き方のダイバーシティ・マネジメント
　○雇用形態
　○教育訓練
　○ワークライフバランス

出所：著者作成。

1.2　ダイバーシティ・マネジメントの現状

　エン・ジャパン株式会社の2019年の調査（1万人が回答）では，9割がダイバーシティには肯定的ではあるが，7割が「ダイバーシティを知らない」と答えている。そして，「自社がダイバーシティに積極的に取り組んでいると感じている」のは14％に過ぎない。その主な取組みは，女性の採用・活躍支援（51％），障がい者の採用・活躍支援（21％），外国人の採用・活躍支援（17％），高齢者の採用・活躍支援（7％），LGBTの採用・活躍支援（4％）となっている。また，2017年のアデコ株式会社の調査（2,159人を対象に日経BPコンサルティングが調査）では，7割以上がダイバーシティの重要性を認識しながらも回答者の7割がダイバーシティ・マネジメントの取組みによる効果を実感できないと答えている。

⑴　女性の活用の現状
　日本における女性の活用はどのようになっているだろうか。

　第1に，女性の就業の実態である。総務省統計局の労働力調査によれば，15歳〜64歳の女性の就業率は2001年62％から2016年は72.7％となっており，女性の社会進出が増加していることが確認できる。年齢階級別労働力率は欧米には見られないM字カーブであり，1976年にはその底が25〜29歳（44.3％）であったが，2016年にはM字カーブの底が35〜39歳（71.8％）となっており，寿退社年齢が30代になっている。女性が入社し，結婚等による理由で一度は退社した後に，子育て後に再就職する現象に改善は見られるものの，昭和時代と変わらない社会慣行となっていることが統計で確認される。また，2018年，厚生労働省の「国民生活基礎調査の概況」によれば，女性の非正規職の割合は55.8％であり，特に15〜19歳では71％，40〜44歳54.7％，60代はほぼ80％が非正規職である。すなわち，多くの女性が低賃金および不安定雇用の状態に陥っており，女性の活用が労働力不足による活用であることがわかる。

　第2に，世界経済フォーラムは2007年から政治・経済・教育・健康の分野におけるジェンダー・ギャップの指数を公表している。2019年の日本のジェンダー・ギャップの順位は，調査対象149カ国の中で110位であり，ジェンダーの不平等が浮き彫りになっている。しかも，10年連続で100位以下であり，特に政治，経済，教育の分野で男女間の格差は大きい。

　第3に，企業における管理職および取締役の状況を示したい。2018年の帝国データバンクの調査では（調査対象，全国2万3,112社）女性管理職導入企業は7.2％となっている。また，有価証券報告書の上場企業における女性役員は2012年，1.6％から毎年1.8％，2.1％，2.8％，3.4％，3.7％に増加し，2018年は4.1％となっている。また，日本経済新聞の2017年の調査（都内従業員30人以上の企業）では，役員は6.8％，部長6.5％，課長9.6％，係長25％となっている。さらに，HR総研の2018年の調査においても女性管理職（役員を含む）の割合は10％未満の企業が8割を占めており，日本企業における女性管理職が占める割合は低い状況である。

　第4に，賃金格差の現状である。**図表13－3**は厚生労働省の「賃金構造基本統計調査」である。男性の賃金を100とした場合，女性の賃金は2017年現在，73であり，女性が活躍する社会にはなっていない。女性の就業者が増える一方，非正規職が増えることにより，女性全体では低賃金労働者が増えている。

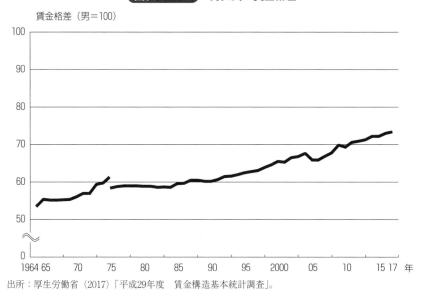

図表13－3　男女間の賃金格差

賃金格差（男＝100）

出所：厚生労働省（2017）「平成29年度　賃金構造基本統計調査」。

　これらのテータは，1986年，「男女雇用機会均等法」が制定され，2017年の「女性活用促進法」が施行され，政府の女性活用の政策目標があっても，現実に女性の社会的位置が低いことを示しており，ダイバーシティ・マネジメントが本来の目的通りに進められていないことを意味している。

(2)　高齢者の活用の現状

　日本における高齢者の就業率は，総務省統計局によると2016年現在，770万人であり，13年連続で増加している。OECD加盟国の中でもインドネシア，韓国に次いで，3位になっている。男女別に見ると男性が30.9％，女性が15.8％となっている。また，内閣府の2017年の調査では，現在働いている高齢者の8割が「80歳まで働きたい」「体が動くうちは働きたい」と答えている。高齢社会が進む中で，多くの高齢者が働いている。

　では，その働き方を分類してみよう。2016年現在，正規従業員が24.9％，パート・アルバイト51.1％，契約社員9.0％，嘱託7.5％，派遣社員3.3％，その他4.3％であり，10年で非正規職員の高齢者は2.5倍に増えている。このように，

就業者における高齢者の比重は年々高まっており，定年退職後も働く高齢者が増えており，その活用が進行している。

　しかし，ここには大きな問題も絡んでいる。まず，貧困層の高齢者世帯が増えている。2018年の厚生労働省の調査によれば，1997年無年金・年収200万以下の世帯が211万から2012年には445万世帯に増えている。現在，高齢者の25％が貧困層であり，2030年には500万世帯になると予想されている。そこには，自営業者などの厚生年金，共済年金以外の世帯の多くが非正規雇用として働いている理由がある。高齢者は，長年の職場経験から得られた経験値など高いスキルを保有しているが，定年延長の場合，役職が外され賃金も低賃金になる一方，定年後の再就職が非正規になっているのが，その実態である。

(3)　外国人の活用の現状

　日本型ダイバーシティ・マネジメントの中に，外国人活用が占める比重は高くない。しかし，人口減少社会に突進する日本経済にとって，外国人人材の活用は欠かせない。2018年の法務省の調査によれば，日本に居住する外国人は，中長期在留者は223万2,026人で，特別永住者が32万9,822人であり，前年に比べ7.7％増加している。その内訳は，永住者74万9,191人，特別永住者32万9,822人，留学31万1,505人，技能実習生27万4,233人，技術・人文知識・国際業務18万9,273人，高度専門職7,687人となっている。

　内閣府の2019年の「外国人労働力について」によると，現在外国人労働者は127.8万人であり，専門的・技術的分野が23.8万人，技能実習25.8万人，特定活動2.6万人（外国人看護師，介護福祉，ワーキングホリデー），資格外活動（留学生のアルバイト等），身分に基づき在留する者45.9万人（日本人の配偶者等，永住者）となっている。また，2019年4月1日から「改正出入国管理法」が施行され，14業種で新たに技能実習生を5年間で34万人受け入れることになる。特に，当法律は特定技能を2段階新設し，「相当程度の知識または経験を要する技能」を持つ人に与える1号は最長5年の在留を認める一方，さらに高度な試験に合格し，熟練した技能を持つ人に与える2号は1〜3年の期間延長が可能であり，更新時に審査を通過すれば更新に制限がない。すなわち，永住が可能になる技能実習生制度である。

　しかし，技能実習生の場合，2017年に失踪した者は7千人を超え，過去5年間で2万6,000人が失踪しており，ダイバーシティ・マネジメント経営とはほど遠いのが実態である。また，特定活動，資格外活動対象の外国人労働者も人手不足を補う領域の仕事であり，経営，企画などを含めて新商品やサービス開発などのイノベーションを引き起こす分野での仕事を担う人は少ない。

(4)　障がい者の活用の現状

　2018年の厚生労働省の「障害者雇用状況」によれば，障がい者の雇用状況は「民間企業」，「公的機関」，「独立行政法人」などそれぞれ法的雇用率2.0％，2.3％，2.3％に対して，民間企業の実雇用率は1.9％であり，法定雇用率達成企業の割合は50％であり，国2.5％，都道府県2.65％，市町村2.44％，独立行政法人などは2.4％となっている。また，一般市民の障がい者に対する認識は，日本財団の2018年の「18才意識調査」では，民間企業の障がい者法定雇用率が1.9％であり，中央官庁の障がい者水増し問題を知らないが7割となっている。また，障がい者の手助けの経験のある人は45.8％に止まっている。まだ，多くの若者が障がい者の雇用等に対する意識が低いことから障がい者に対するダイバーシティは広がっていない。

　それでは，社会全体の意識はいかなるものだろうか。2019年の内閣府の「障害者に関する世論調査」では，「障害がある・なしに関係なく生きていく共生社会」を知っているかに対して，46.6％が知っていると答えている。政府が毎年推進している12月の「障害者週間」を知っている人は3.7％となっている。また，障害者に対する手助け経験61％であり，若者より高い数値を示している。さらに，障害者に対する偏見や差別があるかに対しては，あると思うと答えた人が83.9％に上っている。企業や民間団体の要望では，企業の雇用と雇用維持が6割，事業所環境の整備が4割となっている。

　一方，2018年のアデコ株式会社の障がい者338名に対する調査では，就職活動で困ったことがあるかに対して，精神障がい者は63％があると答え，身体障がい者は34％となっている。また，勤務先での仕事の内容や職場環境に対する満足度では，精神障がい者は34.1％が満足し，身体障がい者は52％となっている。また，人事評価，昇進・昇格，スキルアップの機会に対しては，精神障が

い者は 8 割が不満を抱いている。身体障がい者も65％が満足していない。

　このように，障がい者のダイバーシティ・マネジメントは民間企業の場合は，いまだに半分が法定雇用率さえ達成しておらず，中央官庁の場合は，2018年，42年間にわたり障がい者雇用の水増しと手帳交付に至らない比較的障がいの程度が軽い職員を合算することが常態化していたことが明るみになり，実際の雇用率が 1 ％に満たない省庁が多いとされる。また，一般社会における障がい者に対する理解度が高くない現状や障がい者に対する意識調査の確認を通して，障がい者のダイバーシティは課題が多い。

2　ダイバーシティ・マネジメント制度導入の背景

　近年，なぜダイバーシティ・マネジメントが注目を浴びているのか。そこには，一般的に企業経営をめぐる経営環境の変化がある。それは，マーケットの変化，少子高齢化社会と労働市場の変化，女性の活用，価値観の変化などがあげられる。これらの変化は経営戦略の変化を要求し，その経営戦略の 1 つがダイバーシティ・マネジメントの推進である。

2.1　マーケットの変化

　従来の高成長時代から低成長時代の到来により市場が成熟している。また，国内市場を中心とした国民経済時代から地域圏経済，そして国際経済時代へ変化を成し遂げた経済は，今はグローバル化時代と人工知能経済へと大きく変貌している。さらに，消費者のニーズが必需品購入の時代から自分の好みに合った商品を購入するニーズの多様化の時代を迎えている。

2.2　少子高齢化社会と労働市場の変化

　2017年の国立社会保障・人口問題研究所の「日本の将来推計人口」では，2017年の日本の人口は年少人口（ 0 ～14歳），生産年齢人口（15～64歳），高齢者人口（65歳以上）は，それぞれ1,559万人（12.3％），7,596万人（60.0％），3,515万人（27.7％）となっている。

　しかし，2053年には１億人を割り，2065年には8,000万人に減っていくことが予想される。とりわけ，生産年齢人口の場合，国立社会保障・人口問題研究所の日本の将来推計人口（2017年推計）によれば，2029年に7,000万人，2040年に6,000万人，2056年に5,000万人を下回り，2065年には4,529万人となると予測されている。毎年，50万人以上が減少し，2035年からは100万人以上が減少していく。人工知能の導入により多くの職種で人手が要らなくなることもあるが，現在の経済規模を維持していくことは難しい。

　また，労働市場においても多くの変化が見られる。1995年，日経連（現在の経団連）が「雇用ポートフォリオ」を提唱し，労働市場を「長期蓄積能力活用型グループ」，「高度専門能力型グループ」，「雇用柔軟型グループ」に分類したことや法的整備によって雇用の流動化と多様な働き方が進むようになる。現在，2019年の総務省統計局によると非正規雇用者は37.5％であり，４割近くの人々が契約，派遣，アルバイトなどの短期雇用者として働いている。特に，若年層，年配層，女性などの層が非正規雇用者となっている。また，新入社員の場合，３年以内の離職率は大卒３割以上，専門卒，高卒４割以上，中卒６割以上になっており，雇用の柔軟化と働き方の多様化が進行している。

2.3　女性の活用

　安倍内閣の経済再生の３本目の矢の成長戦略の１つとして「女性が輝く日本」がうたわれ，そのための施策として「待機児童の解消」，「現場復帰・再就職の支援」，「女性役員・管理職の増加」が進められている。この問題は，そもそも1986年「男女雇用機会均等法」が制定され，募集，採用，配置，昇進に関して女性を男性と均等に扱うことを努力義務としたことから始まる。それまで，日本企業における女性は性別役割分業論から会社では男性のアシスタントの仕事をし，家では家事労働が社会的規範となっており，女性の社会的地位が低かったのである。しかし，同法律は，法的拘束力が弱く，実際多くの企業において女性の雇用の差別が改善されていない。また，米国および国際的な女性の差別禁止と女性の活用の流れを受け，女性が活用できる環境を整えるために，1999年の改正で，ポジティブ・アクションが規定された。

　2000年，日経連は「ダイバーシティ・ワークルール研究会」を設立する。当

研究会はその後，厚生労働省と経営者団体と連携し，「女性の活躍推進協議会」を開催し，2003年企業の経営者および人事担当者が取り組むべき「ポジティブ・アクションのための提言」を公表したことで日本におけるポジティブ・アクションの議論が活発になる。2004年，シャープを始め，みずほ銀行，ユニクロ，TOTO，第一生命，INAXなどが女性活用の専門職を設立する一方，2007年，同法律が改正され，性別による差別禁止の範囲が拡大されると同時に事業主が不当な対応をした場合は行政罰が科せられることになった。さらに，ポジティブ・アクションに取り組む企業がその実施状況を公開し，国からの援助を受けることになる。そして，安倍内閣になって，女性の活用を経済再生政策の1つの柱にし，ダイバーシティ・マネジメントの推進が進められている。

2.4　価値観の変化

　高度経済成長時代，西洋先進国に追いつき，追い越せの官民経済は企業戦士を生み出し，すべての政策優先順位が成長に置かれた時代である。しかし，バブル経済が崩壊し，低成長時代の今，働く人々の考え方も大きく変貌している（図表13−4）。その一連の流れの中で推進されているのがワークライフバラ

図表13−4　ダイバーシティ・マネジメントの推進の背景

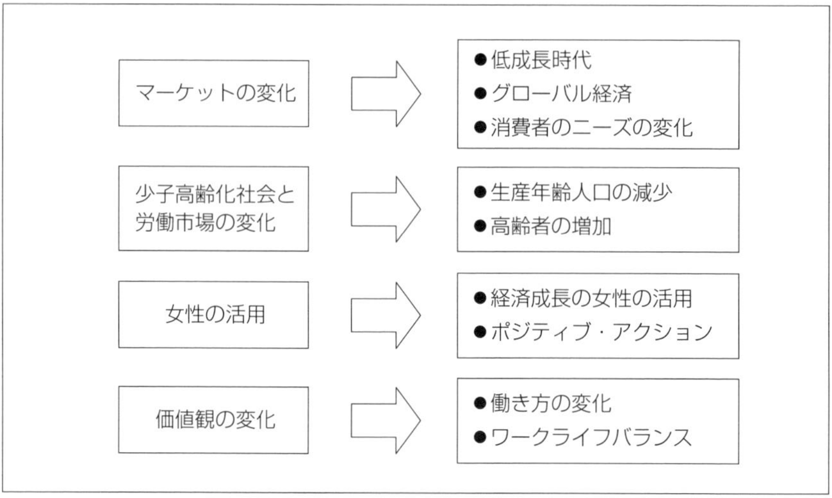

マーケットの変化	⇒	●低成長時代 ●グローバル経済 ●消費者のニーズの変化
少子高齢化社会と労働市場の変化	⇒	●生産年齢人口の減少 ●高齢者の増加
女性の活用	⇒	●経済成長の女性の活用 ●ポジティブ・アクション
価値観の変化	⇒	●働き方の変化 ●ワークライフバランス

出所：著者作成

ンスである。従来の正社員として入社し，終身雇用慣行および年功賃金慣行の枠組みの中で，仕事を優先する価値観から多様な働き方への変化が起きている。勤務地限定，テレワーク制度，短時間勤務型正社員，フレックス勤務制度，転勤希望を反映する制度など多様な勤務制度があり，雇用形態の変化や働き方が変化している。また，仕事以外に自分の趣味や社会コミュニティへの参加，自己啓発，などのワークライフバランスが進行している。

3 ダイバーシティ・マネジメントの改善策は何か

3.1 先進企業の事例

(1) カルビー株式会社の事例

　カルビーは，2010年，ダイバーシティの社内体制を整備するために「ダイバーシティ委員会」を設置し，同年「カルビー・ダイバーシティ宣言」，「カルビー・グループのダイバーシティビジョン」を策定し，公表する。

　同社は，ダイバーシティ・マネジメントを「理解」，「納得」，「行動」の3ステップで進める一方，2020年までに「女性管理職30％」というKPIを設定する。具体的には，委員会の活動を共有するために全国各地で「ダイバーシティ・フォーラム」を開催しながら，経営陣が「タウンホールミーティング」の場において，全社員にダイバーシティの必要性を説明していく。また，会長・社長のC＆A（コミットメント・アカウンタビリティ）では，毎年女性の登用を数値でコミットし，その内容を全社員に公開すると同時にガバナンスの改革を行い，社外取締役に女性2人，外国人1名を入れている。さらに，多様な人材が活躍できるように2015年には両立支援制度を費用で支援する制度を導入する一方，2017年には在宅勤務日数制限を撤廃し，モバイルワーク制度を導入している。

　その結果，2010年に5.9％だった女性管理職の比率が2017年には24.3％に上昇している。また，女性部長が開発したフルグラが2011年37億から2016年には300億に売上を示している。さらに，ブランドイメージが上昇することにより，

2000年の採用倍率100倍から2016年の新卒採用の競争率は300倍まで上昇し，優秀な人材を確保することにもつながっている。

　このように，カルビーはダイバーシティ・マネジメントを経営戦略の一環として推進し，①推進体制の構築，②ガバナンスの改革，③全社的環境・ルールの整備，④全社員の行動・意識の改革，⑤情報発信・対話を通して展開している。

(2)　北海道はなます食品会社

　当該会社は，障がい者雇用とビジネス拡大を目標に北海道が主導し，コープさっぽろが協力し，1993年に創立された官民共同出資会社である。主に，納豆製造，豆菓子，農産品パック袋詰めなどをする会社で，2013年「目指せ！障がい者訓練・雇用　北海道」の経営理念を掲げ，障がい者雇用とビジネス拡大を本格的にめざすことにする。そして，障がい者を戦力化するために障がい者雇用先進企業に４名を１年間研修させ，彼らの特徴などを数値で示す評価表を作成し，インセンティブと結びつけるようにする。また，パートナー支援室を設置し，障がい者の戦力化を図っている。さらに，障がい者を含めた全社員の研修を継続的に行い，全社的に意識改革を行っている。その結果，2017年は厚生労働省が認定する障害者活躍企業第１号に選定される一方，2018年現在，障がい者雇用は26名に増えており，３年後は36名に増加させる計画である。

(3)　野村證券株式会社

　当該会社は，2013年東京証券会社と経済産業省が選定する「なでしこ銘柄」に選ばれている。選定理由は，女性の活躍促進と業績向上のみではなく，LGBTへの対応と世代間のコミュニティの促進，海外人材との共同，人材の働き方の改革などダイバーシティ全体における取組みが評価されている。

　2008年のリーマン・ブラザーズ倒産後，日本の部門が野村に吸収されるとき，「ダイバーシティ＆インクルージョン」を継承されることにより，ダイバーシティは自然的に野村證券に受け継がれることになる。2012年，野村證券は３つの取組みにかかる。第１は，倫理規定の改訂である。当該倫理規定では，人権の尊重の項目に国籍，人種，民族，性別，年齢，宗教，信条，社会的身分，障

がいの有無に加えて性的指向や性同一性による差別も行わないことを明記している。全社員に対して，個々のバックグラウンドに関係なく，互いを尊重し，働きやすい環境を提供することを最初に実行している。第2は，組織風土づくりである。社内で運営するネットワーキングを通して，多様な人々の交流や講演会などの情報を共有させる。ネットワーキングは，具体的に女性のキャリア推進を考える「WIN」ネットワーク，健康・育児・介護を考える「ライフ＆ファミリー」ネットワーク，LGBTを考える「MCV」ネットワークがあり，それぞれ2名の役員の支援を受けながら活動している。第3は，社員研修である。管理職，新入社員，中途採用者を含めて，ダイバーシティの推進に関する研修を行い，組織全体に浸透させている。

　このような，活動の結果，野村證券会社は社員の男性と女性の比率がほぼ半々であり，世界で70カ国以上，国内で40カ国の国籍の多様な人材が働いている。

3.2　諸外国の事例

⑴　米国政府と企業の取組み

　1960年代，米国の政府は公民権運動などの背景から雇用機会均等法（EEO法）とアファーマティブ・アクションに関する大統領令が発令され，ダイバーシティに関する法的な基盤整備を整える。一方，企業は人材確保手段として，ダイバーシティ経営の動きが始まるが実際の雇用における変化は見られない。

　1970年代は，政府は間接差別の処罰を強化することや公民権法やEEO法の改正を行い，雇用計画の報告の義務化，アファーマティブ・アクションの範囲が拡大されることからダイバーシティに関する規制が強くなっていく。このような背景から，企業は告訴されることによる企業イメージ低下のリスクに備え，担当部署が設置され，リスク回避の視点からの取組みになっていく。

　1980年代から1990年代半ばまでは，政府の政策に大きな変化は見られない。一方，企業側は企業独自にダイバーシティ・マネジメントの施策に積極的にとりかかる。それは，ダイバーシティが人材のモチベーション管理や労働管理に有効性が認められるという認識があり，多くの企業はダイバーシティを重要な経営施策として展開する。

　1990年代半ばから，現在まで逆差別の禁止などの法的改正は行うものの，アファーマティブ・アクションの範囲は限定的であり，雇用計画とアファーマティブ・アクションは切り離され，議論されるようになる。企業は，経営戦略の一環として展開されるようになる。特に，競争優位の源泉の視点から企業の生産性，収益アップ，イノベーションの担い手として，ダイバーシティ・マネジメントが推進されている。

⑵　スウェーデンの取組み

　スウェーデンはEU指令「雇用及び職業に係る事項における男女の機会均等及び平等取扱いを実現するための2006年7月5日欧州会議及び閣僚理事指令」を受け，それを実現するために2007年1月に「社会的・男女平等省」を設置し，平等社会の実現に向けた施策に取り組んでいる。

　スウェーデン政府のダイバーシティの定義は，多様性は性別，年齢，人種，身分，性的指向，障がいの有無，性表現，教育歴，価値観，家族関係，興味関心，経験などであり，これらの多様性を互いに認めあう政策を展開する。差別禁止法を制定し，上記の者らが不利益を被ることを禁止し，その適用分野は労働生活，教育，労働市場政策，ビジネスの開始・運営，専門職の認定，団体，物品・サービス，住居，医療保険，社会サービス，社会保障システム，雇用保険，学資援助，兵役など社会全般において適用されている。

　また，2017年には同法を改正し，公的部門における平等を促進する計画策定などが義務化される一方，健康・社会問題省，財務省，エージェンシー（2018年，健康・社会問題省の下にジェンダー平等の担当エージェンシーが設立された），統計局を中心に，ダイバーシティが国全体において推進できるように，施策，予算，統計の確認などを通して展開している。

第**14**章
ホワイト企業をめざす労働CSRの実践

　従業員の企業に対する信頼感ないしコミットメントを主たる内容とする従業員の企業満足は，生活・職務・職場満足の総合的な帰結として生じるが，同時に従業員が帰属する企業の社会的評価・イメージの高さもその大きな源泉となる。企業と社会の共生をテーマとする「企業の社会的責任」（CSR：Corporate Social Responsibility）は，そうした企業評価の今日的なテーマでもある。本書の最終章として，労働CSRの実践という観点からいわゆる「ホワイト企業」をめざす方策を考えていきたい。

1　日本企業におけるCSR実践

1.1　CSRの歴史的変遷

　CSRという用語と概念は，戦後まもなくアメリカから輸入され，その日本語訳の「企業の社会的責任」という用語が長く使われてきた。しかしその取組み内容に関しては，戦後日本の経済発展とともに，欧米諸国とは異なる独自の発達を見せている。

　日本経済の高度成長期にあたる1960年代から1970年代にかけて，水俣病や四日市ぜんそくに代表される産業公害の深刻化に対する企業批判の高まりを背景に，特に製造業を中心に法令・規則の忠実な遵守による公害対策を実施することがCSRと理解されるようになった。また1970年代に石油ショック後の便乗値上げや買い占め・売り惜しみ，欠陥商品問題といった企業不祥事が続出し，企

業の利益至上主義が強く批判されただけでなく，1980年代には在米日系企業の
CSR経験を背景に，アメリカから「良き企業市民」（good corporate citizen-
ship）概念が輸入され，フィランソロピー（慈善活動）やメセナ（文化貢献）
活動など，企業利益の地域社会還元による社会貢献活動もCSRの取組みと理解
されるようになった。経団連が会員企業に対して税引き前利益の１％を社会貢
献に寄付することを呼びかける「１％クラブ」の創設（1990年）は，その代表
的な事例である。1990年代に入ると，地球規模の環境問題（CO$_2$排出による
地球温暖化，乱開発による生物多様性の消滅など）が顕在化し，企業と社会の
持続可能性に関心が高まるが，日本企業はこれまでの公害対策の経験と公害防
止技術の発達を通じて環境負荷の低減をめざす「環境経営」に乗り出し，
ISO14001（環境マネジメントシステムの国際規格）の認証取得を進めていく
のである。こうした時代のトピック的な事件を踏まえたCSRの内実の変遷とと
もに，1960年代から今日に至るまで，相変わらず後を絶たないのが経済法や商
法などの法令違反となる企業不祥事である。この企業不祥事は，時代を超えて
企業批判の底流として常に存在し続けていたのである。
　こうした日本企業のこれまでのCSR経験から，日本企業におけるCSRは，

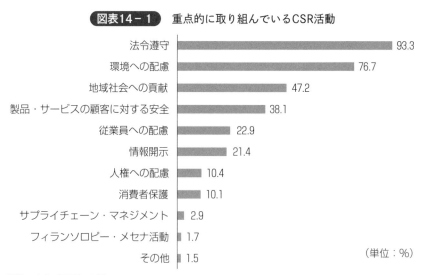

図表14-1　重点的に取り組んでいるCSR活動

項目	値
法令遵守	93.3
環境への配慮	76.7
地域社会への貢献	47.2
製品・サービスの顧客に対する安全	38.1
従業員への配慮	22.9
情報開示	21.4
人権への配慮	10.4
消費者保護	10.1
サプライチェーン・マネジメント	2.9
フィランソロピー・メセナ活動	1.7
その他	1.5

（単位：％）

出所：小本（2007）3頁

フィランソロピー・企業市民重視のアメリカ型や社会・人権・従業員問題重視のヨーロッパ型とは異なり，法令遵守・社会貢献・環境対応を主たる取組み内容とする「日本型CSR」として発達してきた（川村，2015：藤井，2005）。**図表14−1**は，日本企業が重点的に取り組んでいるCSR活動の調査結果であるが，まさに日本型CSRの特徴を示すものになっていることが理解できる。

1.2　労働CSR実践の遅れ

　1960年代から1990年代にかけて形成された日本型CSRは，顧客や消費者，地域社会といった「外部ステークホルダー」を意識して，企業不祥事の発生などを防ぐ法令遵守の徹底や企業イメージの低下を回避するリスク・マネジメントといった「守りのCSR」に重点を置いてきた。そしてこのことは一方で，企業の「内部ステークホルダー」である従業員に目を向けた人権・雇用・労働慣行への配慮といった労働に関わるCSRへの取組みが遅れていることを意味していた。

　しかし，こうした日本型CSRを修正しなければならない大きな揺さぶりが2000年頃から生じる。その１つが，日本企業のグローバル化の進展を背景に，欧米のCSR調査機関からの社会的責任投資[1]（SRI：Socially Responsible Investment）の銘柄選定のためのアンケート攻勢である。そのアンケート内容は，法令遵守や環境問題だけでなく，企業統治，人権・雇用・労働，海外調達など，これまで日本企業にとってなじみのない課題が多く含まれており，幅広い社会課題への対応の必要性を浮かび上がらせた。また，世界的なCSR運動の高まりの中で，CSRのいわばグローバル・スタンダードとして2010年に正式発行されたISO26000（社会的責任に関する手引き）の内容が明らかになるにつれ，日本型CSRの大幅な修正が余儀なくされるようになる。そこには，企業統治，人権，労働慣行，事業慣行，消費者課題，コミュニティ参画・開発の７つがCSR実践上の中核主題とされ，またCSR実践上では，「法の支配の尊重，法的拘束力ある義務の遵守」はCSRの前提であり，「法令遵守を超えた行動，法的拘束力の

1　SRIとは，従来の財務諸表に加え，安定した配当を見込みつつ，法の遵守や雇用慣行，人権の尊重，消費者の問題，社会への貢献度や環境への配慮といった「社会的倫理的基準」をもとに評価し，精選した企業に投資していくものである。

図表14-2　ISO26000によるCSRの人権・労働慣行の実践課題

中核主題	実　践　課　題
人　　権	①　人権デューデリジェンス（問題発見プロセス） ②　人権に関する危険な状況の認識 ③　加担の回避（他者の人権侵害の見過ごしも不可） ④　人権に関する苦情の解決 ⑤　差別および社会的弱者（機会均等）の認識 ⑥　市民的・政治的権利 ⑦　経済的・社会的・文化的権利 ⑧　労働における基本的原則と権利
労働慣行	①　雇用および雇用関係 ②　労働条件および社会的保護 ③　社会的対話（労組との関係） ④　労働における安全衛生 ⑤　職場における人材育成および訓練

出所．川村（2015）を参考に筆者作成。

　ない他者に対する義務の認識」（Beyond Compliance）こそが本来的なCSRであるとする定義が示されていたのである（川村，2015）。**図表14-2**は，ISO26000におけるCSR中核主題の中で，人権と労働慣行に関する具体的な実践課題をリスト化した内容である。

　特にヨーロッパ（欧州連合）では，コミュニティや従業員が健康でなければ，持続可能な発展はないという考え方を根底におき，従業員の多様性や発展途上国の人権問題に大きく焦点を当てた取組みが特徴的とされている（下田屋，2012）。こうして企業統治や人権・労働問題などがCSRのグローバル・スタンダードとして議論されていく中で，日本企業の間でもたしかにその理解は進んできている。たとえば経済同友会は，「第15回企業白書－『市場の進化』と社会的責任経営－」（2003年）の中で，グローバル・スタンダードに沿う形でCSRの定義や取組みのフレームワークを示している。企業は人々の価値観や生き方に大きな影響を与えている社会的存在であり，企業にとって優秀な人材を確保することは持続的発展のための投資であるとし，①優れた人材の登用と活用，②従業員の能力（エンプロイアビリティ）の向上，③ファミリー・フレンドリーな職場環境の実現，④働きやすい職場環境の実現，といった労働CSRの取組み内容を提示している。

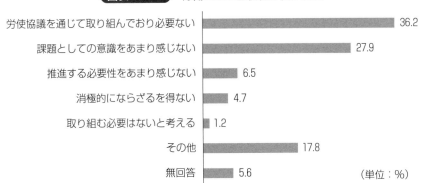

図表14−3　労働CSRの重視度が低い理由

労使協議を通じて取り組んでおり必要ない　36.2
課題としての意識をあまり感じない　27.9
推進する必要性をあまり感じない　6.5
消極的にならざるを得ない　4.7
取り組む必要はないと考える　1.2
その他　17.8
無回答　5.6　　　（単位：％）

出所：厚生労働省（2008）16頁より筆者作成。

　しかしそうした考え方が日本の企業間で共有され進展してきたかと問われれば，必ずしもそうとはいえない。**図表14−3**は，労働CSRが進展していない現状を踏まえ，企業に対して労働CSRの重視度が低い理由を問うた調査結果である。この内容から推察すると，これまで日本企業は従業員に対して終身雇用・年功序列・福利厚生の充実などの手厚い施策を通じて「従業員重視」の対応を行ってきたとの自負を持つだけでなく，従業員に関する問題はこれまでも労働組合との団体交渉や労使協議の対象とし，人的資源管理問題として解決してきたことから，従業員問題をあえてCSR課題として取り扱うことにはなじまないということである。また，従業員問題を労働CSRとして扱っていくと，その説明責任として対外的に情報開示の必要性が生じるが，自社の人事・労務データを公表することに抵抗感を示す企業が多いということも，従業員問題を労働CSRとして取り扱っていくことへの障害になっていた。こうした認識は，今日においても基本的には変わっていない[2]。

2　今日でもなお日本企業のCSRアプローチは，社会的側面，従業員，コミュニティ，人権問題に対しての関心が低く，また透明性も弱いといった指摘がなされている（下田屋，2012）。

2　日本企業における労働CSRの現状

　法令を遵守して健全な経営を行うことはCSR実践上の前提であり，その上で広く社会問題の解決に向けての企業の貢献が期待されている。こうしたCSR実践のグローバルな考え方に立つと，労働CSRも「労働関係のコンプライアンス」（労働領域における法令遵守）を確立し，その上で企業にとって重要なステークホルダーである自社の従業員に対する社会的責任を果たす取組みということになる。しかし日本企業の間では，CSRとは法令遵守のことであるといった認識も根強くあるために，日本企業における労働CSRを見ていく場合には，労働コンプライアンスの考察も欠くことはできない。**図表14−4**は，日本の実情を考慮した労働CSRの6つの領域として指摘されているものである。コンプライアンスが独立した1つの領域とされているが，同時に差別問題，人権問題，安全衛生といった領域でもその実践課題にあって法令遵守が密接に関わっている。その意味で労働CSRは，その多くの部分が労働コンプライアンスであるといってよい。それゆえ人権や従業員に対する責任，さらには社会課題とみ

図表14−4　労働CSRの範囲

差　別　問　題	コンプライアンス
・男女差別　　　　・年齢差別 ・障害者差別　　　・非正社員差別 ・人種・国籍差別　・学歴差別	・労働／社会保険諸法の遵守 ・従業員のコンプライアンス徹底 ・従業員の反／非社会的行動の抑止
人　権　問　題	安　全　衛　生
・セクシュアルハラスメント ・パワーハラスメント ・従業員のプライバシー保護 ・海外での人権，労働環境への配慮	・サービス残業の禁止 ・長時間労働，過労死問題への対応 ・安全で健康的な職場環境の確保 ・従業員の身体的／精神的健康
人的資本への投資	社　会　貢　献
・人材育成投資 ・エンプロイアビリティーの向上 ・企業利益の従業員への還元	・従業員による地域貢献 ・従業員による社会貢献 ・雇用の維持／創出

出所：『労政時報』第3715号（2007年12月14日）などを参照のもと筆者作成。

なされる労働問題への対応としてある労働CSRを日本企業の場合で見ていくためには，法令遵守の取組みとしての「労働コンプライアンス」と，法令の要請を超える取り組みや労働に関わる社会課題への取組みとなる「労働CSR」に分けて考えていく必要がある。

2.1　労働コンプライアンス

　労働コンプライアンスとは，労働に関するに法令の遵守を意味している。日本における労働法の主たる体系は，**図表14－5**のようなものである。本来はこれらの法律がすべて遵守され，企業活動が健全に営まれていることが当然の姿になる。しかし周知のように，それにはほど遠い現実が日本企業の間に厳然としてある。全国に蔓延するサービス残業，過重労働の放置による健康障害や過労死・過労自殺，男女の差別的な処遇，セクシュアルハラスメントやパワーハラスメントの横行，解雇を含む不当な不利益取扱い，危険が放置された機械

図表14－5　労働法の主たる体系

対応分野	関連法規
①　労働条件の確保に関する法律	・労働基準法　・最低賃金法　・労働安全衛生法 ・賃金の支払いの確保等に関する法律
②　労働契約に関する法律	・労働契約法
③　雇用の確保・安定のための法律	・雇用対策法　・職業安定法　・職業能力開発促進法 ・高年齢者雇用安定法　・障害者雇用促進法 ・労働者派遣法
④　労働保険・社会保険に関する法律	・労働者災害補償保険法　・雇用保険法 ・健康保険法　・厚生年金保険法
⑤　労働者福祉の増進に関する法律	・中小企業退職金共済法　・勤労者財産形成促進法 ・勤労青少年福祉法　・男女雇用機会均等法 ・パートタイム労働法　・育児・介護休業法
⑥　労働組合に関する法律	・労働組合法　・労働関係調整法
⑦　個別労働紛争の解決に関する法律	・個別労働関係紛争解決促進法　・労働審判法

出所：労働法ナビ（2016）。

設備，不衛生な作業場環境，労災隠し，偽装請負，違法派遣，中間搾取，不当労働行為など枚挙に暇がない。こうした状態が改善されなければ，従業員に不満が鬱積し，企業から気持ちが離反していくことは明らかである。

　今日，人々の権利意識や法律知識の高まり，個人ユニオンへの加入の増加，インターネットによる情報の氾濫，内部告発の増大，行政官庁の取り締まり強化といった社会的な状況変化が進んでいる。そして，コンプライアンス違反がひとたび公になれば，企業イメージの低下だけでなく社会的な信用も失うはめになる。労働者を犠牲にして利益を上げるいわゆる「ブラック企業」という不名誉なレッテルを貼られることになってしまう。また，不払い残業代の支払いなどに見られる多額の賠償金の発生や業務停止命令など，企業存続を脅かす事態に陥ることにもなりかねない。こうした意味で，労働のコンプライアンス違反は従業員の不満発生の温床であり，違反の程度がひどければひどいほど従業員不満は大きくなり，同時に従業員パフォーマンスの低下のみならず，内部告発や従業員訴訟，従業員離職といった人的リスク発生の可能性もそれにつれて大きなものになっていく。

　そのため，企業の労働領域におけるリスク・マネジメントとして，①時間外手当は支給されているか，②就業規則は整備されているか，③36協定は適切に締結・届出されているか，④労働条件通知書を交付しているか，⑤安全衛生管理体制は整備されているか，⑥社会保険の適用漏れはないか，⑦管理監督者の取扱いは適正に行われているか，⑧障害者雇用は達成しているか，⑨セクシュアルハラスメントへの対策はとられているか，⑩定期健康診断を全員に行っているか，⑪定年延長や再雇用制度への対応はとられているか，⑫外国人労働者は正しく雇用されているか，⑬勤怠管理は適正に行われているか，⑭年次有給休暇は適切に付与されているか，⑮長時間労働は発生していないか，⑯偽装請負は発生していないか，といった16項目のリストが取り組むべき最低限の労務コンプライアンスと提案されている（岡田，2007）。

2.2　労働CSR

　法令遵守をCSRの大きな要素と理解している日本の実情に対し，CSRとは法的要請や契約上の義務を上回るもの，すなわち法律上，契約上の要請以上のこ

とを行うことであるといったCSR概念（藤井，2005）に基づくと，法律で規定されている「義務」を満たすことが労働コンプライアンス，努力義務を含む義務を超える取組みが「責任」としての労働CSRになる。

　たとえば，障害者雇用促進法（2020年現在）では，障害者法定雇用率2.2％が義務化されているが，これを超える雇用率の達成が労働CSRの実践となる。また法規によっては「努力義務」を規定している場合もあり，それを満たすことも労働CSRの実践と捉えてもいいと思う。たとえば，育児・介護休業法（2020年現在）では，育児中従業員に対して短時間勤務が「子が３歳になるまで」義務化され，「３歳以上小学校就学始期まで」短時間勤務等の措置が努力義務とされている。この努力義務を仕事と育児の両立を促す人事制度として正式に組み込んでいくことが労働CSRの実践となる。

　また，法制化はされていないものの，その改善さらには解消が社会的に強く望まれる社会課題としての労働問題への積極的な取組みも労働CSRの領域といえるものである。しかしそうした労働CSRの内容は多岐にわたり，企業の間で戸惑いがあることも事実である。そこで厚生労働省は「労働におけるCSRのあり方に関する研究会」を組織し，労働に関するCSRが進展していない現状を認識するとともに，CSRの観点から労働を検討する中間報告書（2004年），労働CSRの先進的な取組みを紹介した『働く人を大切にするヒント　労働分野における企業の社会的責任』（2005年）を公表した。ここでは，賃金，労働時間を始めとした法定労働条件を遵守することを前提とした上で，企業が従業員に対して取り組むべき課題として，①人材の育成，②個人それぞれの生き方・働き方に応じた働く環境の整備，③すべての個人についての能力発揮機会の付与，④安心して働く環境の整備，の４つのテーマを掲げ，人材育成，キャリア形成支援，仕事と生活の調和，従業員の社会貢献，男女の均等推進，高齢者雇用，障害者雇用，若年者雇用，安全衛生，従業員の健康，社会報告書・CSRレポートといった11の領域における具体的な労働CSRの取組み企業の事例を紹介している。

　こうした労働CSRの内容や改善・解決すべき労働問題の優先度や緊要度は，社会・経済の環境変化とともに変わっていく。今日的に最も理解しやすいのは，誰もが働きやすい環境づくりをスローガンに，政府が「働き方改革」として掲

げている7項目のテーマであろう。すなわち，①非正規雇用の処遇改善（同一労働同一賃金など），②転職・再就職支援と人材育成，③労働生産性の向上，④長時間労働の是正，⑤ダイバーシティの推進，⑥テレワーク・副業など柔軟な働き方，⑦ハラスメント防止対策である。これらのテーマは，その改善が強く要請されている社会課題であると同時に，そのすべてが企業の人的資源管理の守備範囲内にあり，企業努力で改善が可能なものである。しかしこれらの改革には当然コストが増える。企業としては，これらのテーマを労働に関わる社会課題として先取りし，CSR実践をコストではなく投資とみなし，自社の労働CSR実践として取り組む度量が問われることになる。

　また，社会課題として改善することが必要とされつつも，企業の自主的な取組みに依存していたのではその進捗がはかばかしくない場合，やがては法制化，すなわち労働コンプライアンスへの道を進むことになる。たとえば長時間労働の削減に関わる労働時間等設定改善法（2006年施行），がん患者の雇用の継続を促す「がん対策基本法」（2007年施行），労働者の過労死等の防止のための過労死等防止対策推進法（2014年施行），非正規労働者の賃金格差の改善を図る同一労働同一賃金推進法（2015年施行）などは，指針や手引きなど実効ある法的義務を課す内容はないものの，やがては関連諸法の改正や新法の制定を通じて法的規制がかけられていく可能性は否定できない。そうした法的動向を察知し，社会課題とみなしていく企業としての「社会的配慮」も労働CSRの実践に必要とされるだろう。

3　労働CSRの実践とホワイト企業

　労働CSRを法律が求めている義務を上回る企業の自主的な取組みとして見た場合，その重要性の認識度はたしかに増大しているが，一方で実践としての普及度は芳しいとはいえない。**図表14-6**は，日本企業のCSR取組み段階を経年的に調査した結果である。選択肢上の「法令や社会から求められたことに取り組む」には，意味的には社会課題への取組みも含意されているが，レポートの文脈から法令遵守を念頭においた問いかけといってよい。それゆえ主として法令遵守をCSRとみなす企業割合は着実に減ってきているが，CSRを今日的な

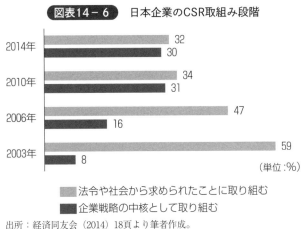

図表14－6　日本企業のCSR取組み段階

2014年　32
　　　　30

2010年　34
　　　　31

2006年　47
　　　　16

2003年　59
　　　　8

（単位：％）

■ 法令や社会から求められたことに取り組む
■ 企業戦略の中核として取り組む

出所：経済同友会（2014）18頁より筆者作成。

経営課題とみなし，業務の一部として取り組んでいく「CSR経営」的な認識の進捗度は停滞気味にある。そこで本節では，労働CSRの企業活動にとっての意義をあらためて問い直していきたい。

3.1　ブラック企業とホワイト企業

　ここでは，違法・脱法行為が目に余り，従業員の企業に対する信頼度が低く，従業員不満が鬱積している企業を「ブラック企業」，従業員に働きがいを与え，雇用や労働の質の向上に取り組む企業を「ホワイト企業」と命名し，企業イメージとしての「企業市民」と従業員の企業に対する信頼感といった「従業員満足」という観点からこれらの企業を描写していく。

　企業を地域社会に共生する市民として擬人化する「企業市民」概念は，企業利益の社会還元による社会貢献といったフィランソロピーを中心とするアメリカ型CSRの展開として，1980年代に日本に輸入された（谷本，2006）。この用語は，地域社会に共生する市民として企業を見ることで，社会的な企業評価を行う際に有益なものである。

　一般的に人々（市民）は，日常的に社会秩序を維持するための様々な法的な社会的ルールを守って生活している。しかしそのルールを犯せば罪人として社会的制裁を受ける一方，善行を施せば篤志家として社会から尊敬の念をもって

迎えられる。同じことが企業についてもいえる。企業は地域社会と共生する企業市民であり，企業は社会が決めた様々なルールを守り，企業活動を行うことが当然視される。違法・脱法的な行為が明らかになれば，社会的な批判や制裁を受ける一方，慈善的な社会貢献活動を行えば，社会的評価の高まりから企業イメージは向上する。それゆえ企業市民という観点からの企業評価として，「社会的評価の低い企業－可も不可もない普通の企業－社会的評価の高い企業」といった3層レベルの企業評価が可能になる。

　他方，ハーズバーグ（F. Herzberg）の「動機づけ－衛生要因理論」によれば，従業員の職務満足は，仕事を遂行していく上で体験される心理学的職務要件（責任感，承認，達成感，成長感など）が満たされる場合に実現される一方，経営方針や人間関係，監督方法，賃金など仕事を取り巻く外的要素については，これらが適切であっても職務満足をもたらすことはないが，逆にこれらが不適切な場合には職務不満を引き起こすという。すなわちここでは，職務満足について「不満－没満足－満足」といった3層の従業員の心理的状態を明らかにしている。これを従業員満足という用語で一般化すれば，「従業員不満－没満足－従業員満足」という従業員の心理的状況スケールを得ることができる。

　こうした認識を労働コンプライアンス・労働CSRの実践度と企業市民度・従業員満足度を関連付けて図式化のが**図表14－7**である。この図は，企業として当然守るべき労働コンプライアンスの領域を満たしていくのに応じて従業員

図表14－7　ブラック企業とホワイト企業

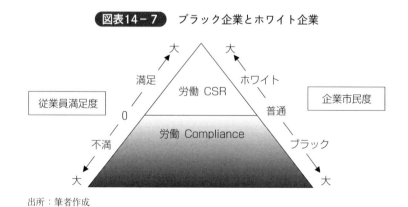

出所：筆者作成

パフォーマンスにネガティブに作用する従業員不満が低減していき，法的要請を上回る内容や社会課題となる労働CSR領域の取組みを進めていくのに応じて従業員パフォーマンスにポジティブに作用する従業員満足が大きくなっていくということである。同時にそれは，労働コンプライアンス領域が充足されていくのに応じて，企業市民としてマイナスのブラックなイメージが払拭されていき，労働CSR領域の実践度が大きくなるにつれ，従業員を大切にする企業市民としてのプラスのホワイトなイメージがより高まっていくということを意味している。

　今日，男女格差の是正や仕事と育児の両立に向けて先進的な取組みを行っている企業を表彰する「均等・両立推進企業表彰」，従業員のワークライフバランスの実現に向けて先進的な取組みを行っている企業を表彰する「子育てサポート企業表彰」，従業員の自律的なキャリア形成支援に積極的な取組みを行っている企業を表彰する「グッドキャリア企業アワード」，パートタイム労働者の活躍推進に積極的な取組みを行っている企業を表彰する「パートタイム労働者活躍推進企業表彰」，ひとり親家庭に対して自立支援の一環として就業支援に積極的に取り組んでいる企業を表彰する「はたらく母子家庭・父子家庭

図表14-8　労働CSRの取組みによる効果と影響

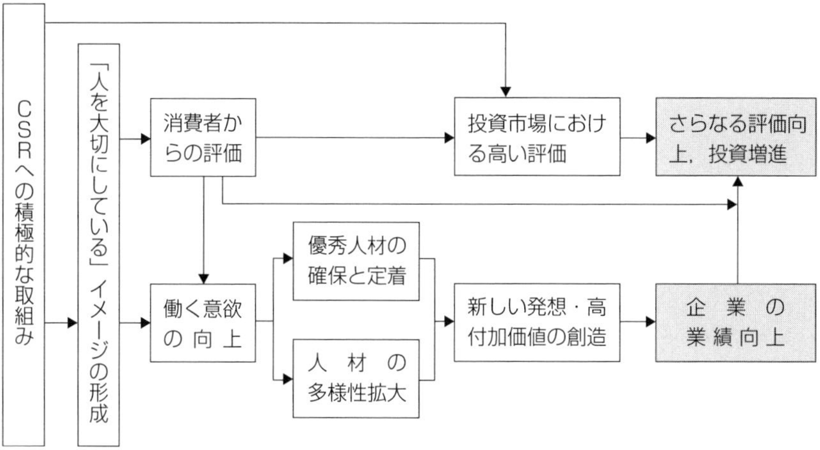

出所：厚生労働省・社会経済生産性本部（2005）より筆者作成。

応援企業表彰」といったものは，労働CSRの推進を企業に促す国の取組みといえるものである。そしてこれらの表彰企業は，マスコミ等を通じていわゆるホワイト企業としてその社会的な露出度を高めていき，少子高齢化を背景にした労働力不足の時代にあって，人材獲得競争にも有利な結果をもたらしていくのである。**図表14－8**は，労働CSRの積極的な展開が，外部ステークホルダーとしての消費者や株主，内部ステークホルダーとしての従業員の企業評価をより好意的なものにし，究極的に企業パフォーマンスの向上とともに持続可能性を高める結果を導くとするチャート図である。

3.2　労働CSR推進のために

　労働CSRは，内部ステークホルダーとしての従業員を対象にした人的資源管理を通じた実践活動をベースとし，その上でより広範囲の社会課題に取り組んでいくことが基本になる。日本企業における労働CSR実践の場合は，3段階の取組みが必要になるであろう。

　まず，労働コンプライアンスの徹底履行である。しかしこの局面は，「義務」であり「社会的責任」とはいえない。ヨーロッパでは，いくら評価の高い製品やサービスを作り出しても，それが過酷な長時間労働など従業員の犠牲的な働きによって生み出されたものでは社会的に誇れるものではないとされている。つまり従業員への「仕事のさせ方」の社会的責任が問われているのである（藤井，2005）。労働CSR意識の高い企業の中には，取引先を選定する際に労働コンプライアンスを基準とする動きがある。すなわち法令を遵守している企業とのみ取引し，労働コンプライアンス違反への自社の「加担」を回避する企業もあらわれている（寺崎，2007）。

　次に，本来的な労働CSRの第一歩が法的要請を上回る施策の導入である。従業員満足度を高める大きな源泉となる局面である。しかし大切なことは，ただ施策を導入するだけでは不十分だということである。たとえば法的要請を上回る育児休業制度を導入する場合でも，同時に所得ロス・キャリアロス・知識ロスといった育児休業にともなうリスクを回避する関連施策がいかに担保されているかが重要なポイントになっていく。

　最後に，社会課題の改善のための社会的貢献活動である。しかし寄付行為の

ような企業の社会的イメージの向上以外に特段のメリットが感じられない場合には，取り組む上の大きなインセンティブ効果は見られない。そこで，自社の事業との関連性の高い労働に関わる社会課題を抽出し，自社の製品・サービス・人材の投入によってその問題解決を図る社会的貢献活動が注目されている[3]。つまり「社会課題と事業運営の統合」という労働CSR実践である（東京財団，2016）。

　以上の説明は，日本企業における労働CSRの国内展開に焦点を当てた内容だが，事業のグローバル化が進む今日では，特に発展途上国における取引企業や現地子会社における児童労働などの人権・労働問題は，サプライチェーン・マネジメントにおいて避けることができない労働CSR課題となっている。日本企業はいまだ日本国内に目が向いており，目が行き届かない海外の人権・労働問題への管理的対応が十分とはいえないといわれている。海外の人権NGOからは搾取労働に関わる「加担者」としての批判を浴びるリスクは何としても避けたいものである。

3　日本マイクロソフト社は，たとえば2016年４月の障害者差別解消法の施行にともない，学習に困難のある児童生徒を支援する「障害者差別解消法ICT活用プログラム」を展開している（「企業市民活動レポート2016年度版」）。

あとがき

「今，労務管理が面白い」

これは岩出博先生が『LECTURE人事労務管理』初版のまえがきに書かれた言葉です。続けて，「多少不謹慎な表現かもしれませんが，今，日本の労務管理はその将来的な方向に関して，学問的にも実務的にも大いに関心を集めています」と岩出先生らしく少し遠慮しながら，日本の労務管理が大きな分岐点を迎えていることを告げています。日付は1995年6月。まさにバブル崩壊後の不況の中で，日本企業が日本的雇用慣行から脱却をし始めた頃でした。

本書は，岩出先生の古希（2018年4月11日）を記念し，岩出先生，繋がりの深い先生方，弟子達で作ったものです。どんな本にするかと話し始めたのが2015年。話し合うことよりも，飲むことの方を楽しみに集まっていたような気もしますが，研究論文を集めたものではなく，たくさんの人に長く読んでもらえるテキストが良い，という岩出先生の鶴の一声で人的資源管理のテキストにすることになりました。

結局，出版は2020年になってしまいましたが，岩出先生が1995年に「面白い」と仰ってから25年，人的資源管理を取り巻く状況は，これも不謹慎かもしれませんが，「今も面白い」状況が続いています。

25年前は労務管理と呼ばれていたのが，人的資源管理と呼ばれることが当たり前になったことも，一つの変化かもしれません。そして，本書の企画から出版までの直近5年でも様々な変化がありました。まずは，働き方改革関連法が多数施行されたことです。その中でも，時間外労働の上限規制が極めて厳しく設定されたこと（2019年4月施行），高度プロフェッショナル制度の創設（2019年4月施行），同一労働同一賃金（2020年4月施行）など，現場ではかなり大きな変更が必要になります（施行年月は全て大企業対象）。

また，ハラスメントの章は打ち合わせの初期の段階では構想から外れておりましたが，職場満足の形成に必要なものとして加えることになり，パワハラ防止法（2020年6月施行）と出版が良いタイミングで重なりました。

さらに，2020年には世界中がコロナ禍に陥り，テレワークで在宅勤務をせざ

るを得ない状況になりました。在宅勤務で働く人が増えると，働く環境だけでなく，付随して人事評価の方法，賃金制度も変わっていくことと思います。

　しかし，我々にとって最も予想外であったことは，2018年3月に岩出先生が急逝されたことです。古希の約1ヵ月前でした。岩出先生は速筆で，原稿は2017年12月にいただいておりましたが，この本の完成を岩出先生にご覧いただけなかったことが非常に残念でなりません。20年間にわたりお一人でテキストを書き続けてこられた岩出先生にとって，本書の出来は満足ではないかもしれません。しかし，先生と共に作った最後の研究成果である本書を墓前に捧げ，あらためて先生のご冥福をお祈りしたいと思います。

　最後になりましたが，本書企画段階でタイミングよく研究室にいらっしゃり，執筆が大きく遅れたにもかかわらず，全体の校正をし，本書の出版を実現してくださった中央経済社の浜田匡氏のご尽力に心から感謝申し上げます。

　2020年7月

加藤恭子

【参考文献】

〈第Ⅰ部　概要〉
岩出博（2016）『LECTURE人事労務管理（増補改訂版）』泉文堂。

〈第1章〉
厚生労働省（2018）「新規学卒就職者の在職期間別離職率の推移」
　　https://www.mhlw.go.jp/stf/seisakunitsuite/bunya/0000137940.html（最終閲覧日：2020年3月15日）
厚生労働省（2018）「労働経済の分析」『平成30年度版　労働経済白書』
　　https://www.mhlw.go.jp/wp/hakusyo/roudou/18/dl/18-2.pdf（最終閲覧日：2020年3月15日）
サイバーエージェント「採用ページ」
　　https://www.cyberagent.co.jp/careers/（最終閲覧日：2020年3月15日）
曽和利光（2018）「これから取り組むリファラル採用の実務ポイントと留意点」『労政時報』3944号　労務行政。
服部泰宏（2016）『採用学』新潮社。
ファーストリテイリング「通年採用ページ」
　　https://www.fastretailing.com/employment/ja/fastretailing/jp/graduate/recruit/allyear/（最終閲覧日：2020年3月15日）
マイナビ「2019年卒 マイナビ大学生　広報活動開始前の活動調査」
　　https://saponet.mynavi.jp/release/student/kouhou（最終閲覧日：2020年3月15日）

〈第2章〉
石田英夫（1989）『企業と人材』日本放送協会。
岩田憲治（2006）『人事労務管理制度の形成過程：高度成長と労使協議』学術出版。
岩出博（2016）『LECTURE人事労務管理（増補改訂版）』泉文堂。
岩本充史（2008）『異動・配転・出向』労務行政。
今野浩一郎・佐藤博樹（2002）『人事管理入門』日本経済新聞出版社。
小野旭（1997）『変化する日本的雇用慣行』日本労働研究機構。
厚生労働省（2013）「雇用指針」
高仲幸雄・中山達夫・池邊祐子（2017）『異動・出向・組織再編：適正な対応と実務』労務行政。
日本経済新聞社編（2017）『やさしい行動経済学』日本経済新聞出版社。
濱口佳一郎（2013）『若者と労働』中央公論新社。
本多壮一（1979）『労務管理：理論と実際の統合化』税務経理協会。
八代充史（2002）『管理職層の人的資源管理：労働市場論的アプローチ』有斐閣。

労働政策研究・研修機構（2014）「労働条件の設定・変更と人事処遇に関する実態調査：労働契約をめぐる実態に関する調査（Ⅱ）」（JILPT国内労働情報14-12）

Abegglen, J. C.（1958）, *The Japanese factory : Aspects of its Social Organization*, Glencoe, IL: Free Press（山岡洋一訳『日本の経営（新訳版）』日本経済新聞社，2004）.

Abegglen, J. C.（1973）*Management and worker: The Japanese solution*. Sophia University in cooperation with Kodansha International（占部都美監訳『日本の経営から何を学ぶか: 新版日本の経営』ダイヤモンド社, 1974）.

Schein, E. H.（1978）*Career dynamics : matching individual and organizational needs*, Addison-Wesley Pub. Co.（二村敏子・三善勝代 訳『キャリア・ダイナミクス：キャリアとは，生涯を通しての人間の生き方・表現である』白桃書房，1991年）

〈第3章〉

岩出博（2016）『新・これからの人事労務（第3版）』泉文堂。

萱沼美香（2010）「高齢者雇用政策の変遷と現状に関する一考察」Discussion paper No. 48 九州産業大学経済学部。

上林憲雄ほか（2010）『経験から学ぶ人的資源管理』有斐閣。

厚生労働省（2013）『仕事と介護の両立モデル』

社会保障審議会年金部会資料「支給開始年齢について」2011年10月11日。

人事院（2011）「民間企業の勤務条件制度等調査」

通商産業省（1981）『労働力移動の実態調査』

日本経済新聞「限定正社員 契約明確に」2014年7月12日。

三菱UFJリサーチ＆コンサルティング（2008）「両立支援に係る諸問題に関する総合的調査研究」。

三菱UFJリサーチ＆コンサルティング（2013）「仕事と介護の両立に関する労働者アンケート調査」。

ライフワークス「キャリア開発・研修事例」
http://www.lifeworks.co.jp/case/nichirei/（最終閲覧日：2014年11月○日）

livedoor news「内閣府が「高齢者」の定義を70歳以上と提案―年金支給も75歳からに？」
http://news.livedoor.com/article/detail/12446314/（最終閲覧日：2020年3月21日）

〈第4章〉

大友立也（1969）『アージリス研究』ダイヤモンド社。

諏訪康雄（2002）「エンプロイアビリティは何を意味するのか」『季刊労働法』No.199, 2002年5月号，87頁

服部治・谷内篤博編（2015）『人的資源管理要論』晃洋書房。

谷内篤博（2002）「企業内教育の現状と今後の展望」文京学院大学『経営論集』第12
巻第 1 号，65-66頁

谷内篤博（2007）『働く意味とキャリア形成』勁草書房。

谷内篤博（2016）『個性を活かす人材マネジメント』勁草書房。

Katz, R. L.（1955）"Skills of an effective Administrator" *Harvard Business Review*,
33（1），33-42

Lewin, K.（1951）*Field Theory in Social Science*, Harper & Brothers（猪股佐登留訳
『社会科学における場の理論』誠信書房，1956年）38頁。

Schein, E. H.（1978）*Career dynamics : matching individual and organizational
needs*, Addison-Wesley Pub. Co.（二村敏子・三善勝代 訳『キャリア・ダイナミ
クス：キャリアとは，生涯を通しての人間の生き方・表現である』白桃書房,
1991年）

〈第 5 章〉
岩出博（2016）『LECTURE人事労務管理（増補改訂版)』泉文堂。

厚生労働省「労働安全衛生マネジメントシステム」
http://anzeninfo.mhlw.go.jp/yougo/yougo02_1.html（最終閲覧日：2020年 3 月21
日）

厚生労働省「事業場における労働者の心の健康づくりのための指針」
https://www.mhlw.go.jp/www2/kisya/kijun/20000809_02_k/20000809_02_k_gai
you.html（最終閲覧日：2020年 3 月21日）

中央労働災害防止協会安全衛生情報センター「労働安全衛生マネジメントシステムに
関する指針」
http://www.jaish.gr.jp/anzen/hor/hombun/hor1-2/hor1-2-58-1-0.htm（最 終 閲 覧
日：2020年 3 月21日）

労働政策研究・研修機構「ワーク・ライフ・バランス：国際動向概論」
http://www.jil.go.jp/foreign/labor_system/2005_12/world_01.html（最 終 閲 覧
日：2020年 3 月21日）

〈第 6 章〉
岩出博（2016）『LECTURE人事労務管理（増補改訂版)』泉文堂。

今野浩一郎・佐藤博樹（2009）『人事管理入門（第 2 版)』日本経済新聞出版社。

白井泰四郎（1982）『現代日本の労務管理』東洋経済新報社。

高橋潔（2010）『人事評価の総合科学：努力と能力と行動の評価』白桃書房。

労務行政研究所（2014）「新人事制度事 3 ダイハツ工業」『労政時報』第3876号 59-68。

Atkins, P. W. B. & Wood, R. E.（2002）"Self-versus others' ratings as predictors of
assessment center ratings: validation evidence for 360–degree feedback pro-

grams". *Personnel psychology*, 55, 871-904.

Dessler, G. (1999) *Human Resource Management*, Prentice Hall.

Drucker, P. (1954) *The Practice of Management*, Harper & Row.

Gilford, J. P. (1936). *Psychometric Method*, McGraw-Hill.

McClelland, D. C. (1973) "Testing for Competence Rather Than for "Intelligence"". *American Psychologist*, 1-14.

Spencer L. M., & Spencer, S. M. (1993) *Competence at Work*, Wiley.

〈第7章〉

安藤史江 (2010)『コア・テキスト 人的資源管理』新世社。

岩出博 (2016)『LECTURE人事労務管理 (増補改訂版)』泉文堂。

遠藤公嗣 (2005)『賃金の決め方』ミネルヴァ書房。

西川清之 (1997)『人的資源管理入門』学文社。

西嶋昭・居樹伸雄 (1987)『賃金制度の新設計：改めて賃金・人事制度を見直す (改訂版)』日本生産性本部。

日経連職務分析センター (1980)『新職能資格制度: 設計と運用』日本経営者団体連盟弘報部。

平野文彦 (2000)『人的資源管理論』税務経理協会。

労務行政研究所 (1990)『モデル条件別昇給・配分 平成3年版』労務行政研究所。

山下洋史 (2000)『人的資源管理の理論と実際』東京経済情報出版。

吉田寿 (2010)『賃金制度の教科書』労務行政。

〈第Ⅱ部 概要〉

Heskett, J.L., Jones, T. O., Loveman, G., W.,Earl Sasser, W. Jr. and Schlesinger, A. (2008) "Putting the service-profit chain to work", *Harvard Business Review*, July-August, 118-129.

〈第8章〉

岩出博 (2016)『LECTURE人事労務管理 (増補改訂版)』泉文堂。

尾形和男 (2018)『家庭と仕事の心理学：子どもの育ちとワーク・ライフ・バランス』風間書房。

金井篤子 (2006)「ワーク・ファミリー・コンフリクトの視点からのワーク・ライフ・バランス考察」公益財団法人家計経済研究所『季刊家計経済研究』第71号。

経済同友会 (2008)『21世紀の新しい働き方：ワーク&ライフ インテグレーションを目指して』

佐藤博樹・藤村博之・八代充史 (2019)『新しい人事労務管理 (第6版)』有斐閣。

社会保障・人口問題研究所 (2017)「日本の将来推計人口」

関口和代 (2003)「女性のキャリア形成支援」櫻木晃裕編著『女性の仕事環境とキャ

リア形成』税務経理協会。

筒井淳也（2015）『仕事と家族：日本はなぜ働きづらく，産みにくいのか』中央公論社。

中谷文美（2015）『オランダ流ワーク・ライフ・バランス：「人生のラッシュアワー」を生き抜く人々の技法』世界思想社。

日本生産性本部（2010）『ワーク・ライフ・バランス実践問答：WLBの正しい理解のために―』日本生産性本部。

日本生産性本部（2015）『ワーク・ライフ・バランス実践ハンドブック：組織のイノベーションを起こす風土づくり（改訂2版）』日本生産性本部。

日本生産性本部（2019）「労働生産性の国際比較2019」2019年12月18日発表.

平澤克彦・中村艶子編著（2017）『ワーク・ライフ・バランスと経営学：男女共同参画に向けた人間的な働き方改革』ミネルヴァ書房。

細見正樹（2017）『ワーク・ライフ・バランスを実現する職場：見過ごされてきた上司・同僚の視点』大阪大学出版会。

山口一男（2009）『ワークライフバランス:実証と政策提言』日本経済新聞出版社。

山口一男（2017）『働き方の男女不平等：理論と実証分析』日本経済新聞出版社。

山口一男・樋口美雄（2008）『論争　日本のワーク・ライフ・バランス』日本経済新聞出版社。

労働政策研究・研修機構（2018）『データブック国際労働比較』労働政策研究・研修機構。

渡辺峻（2009）『ワーク・ライフ・バランスの経営学：社会化した自己実現人と社会化した人材マネジメント』中央経済社。

ワーク・ライフ・バランス経営委員会（2012）『ワーク・ライフ・バランスと経営』日本生産性本部。

ワークライフバランス推進会議・日本生産性本部（2014）「第8回ワーク・ライフ・バランス大賞応募要領」

〈第9章〉

阿部彩（2011）『弱者の居場所がない社会：貧困・格差と社会的包摂』講談社。

アマルティア・セン（2000）『自由と経済開発』石塚雅彦 訳，日本経済新聞出版社。

岩田正美（2007）『現代の貧困：ワーキングプア/ホームレス/生活保護』筑摩書房。

牛久保秀樹（2007）『労働の人間化とディーセント・ワーク：ILO「発見」の旅』かもがわ出版。

厚生労働省「福祉・介護生活保護制度　保護の種類と内容」
　　http://www.mhlw.go.jp/stf/seisakunitsuite/bunya/hukushi_kaigo/seikatsuhogo/seikatuhogo/index.html　（最終閲覧日：2020年3月21日）

総務省「労働力調査」
　　https://www.stat.go.jp/data/roudou/（最終閲覧日：2020年3月21日）

参考文献

橘木俊詔（1998）『日本の経済格差』岩波書店。
橘木俊詔（2006）『格差社会：何が問題なのか』岩波書店。
福地保馬（2010）『ディーセント・ワークの実現を：労働安全衛生活動の基本』学習の友社。
みずほ情報総研（2012）「ディーセントワークと企業経営に関する調査研究事業報告書」
　https://www.mhlw.go.jp/bunya/roudouseisaku/dl/decentwork.pdf（最終閲覧日：2020年3月21日）
森岡孝二（2011）『就職とは何か：〈まともな働き方〉の条件』岩波書店。
森岡孝二（2015）『雇用身分社会』岩波書店。
湯浅誠（2008）『反貧困：「すべり台社会」からの脱出』岩波書店。
ILO（2006）『グローバル経済化のためのルール』吾郷眞一 監訳，ILO 駐日事務所。
ILO「ディーセント・ワーク」
　https://www.ilo.org/tokyo/about-ilo/decent-work/lang--ja/index.htm（最終閲覧日：2020年3月21日）
Rowntree, S.（1901）*Poverty: a study of town life,* Macmillan.
Townsend, P.（1979）*Poverty in the United Kingdom: a survey of household resources and standards of living,* Allen Lane.

〈第10章〉
荒木淳子（2007）「企業で働く個人の『キャリア確立』を促す学習環境に関する研究－実践共同体への参加に着目して」『日本教育工学会論文誌』Vol.31, NO.2, 15-27.
栗島聡（2013）「ケース3 NTTデータ」花田光世編『新ヒューマンキャピタル経営』日経BP社。
諏訪康雄（2002）「エンプロイアビリティは何を意味するか」『季刊労働法』No.199, 87頁
中原淳（2012）『経営学習論－人材育成を科学する』東京大学出版会。
日本経団連出版編（2006）『キャリア開発支援制度事例集』日経連出版。
服部治・谷内篤博編（2000）『人的資源管理要論』晃洋書房。
松本雄一（2013）「実践共同体における学習と熟達化」『日本労働研究雑誌』日本労働政策・研修機構639号，17頁。
三輪卓己（2011）『知識労働者のキャリア発達』中央経済社。
谷内篤博（2007）『働く意味とキャリ形成』勁草書房。
谷内篤博（2010）『日本的雇用システムの特質と変容』泉文堂。
谷内篤博（2016）『個性を活かす人材マネジメント－近未来型人事革新のシナリオ』勁草書房。
山本寛（2014）『働く人のためのエンプロイアビリティ』創成社。
リクルートワークス研究所（2002）「人材流動化社会を支える企業内外連動型CUの可

能性」『Works』53号（2002 08-09）31-32頁

Arthur, M. B. & Rousseau, D. M.（1996）*The Boundaryless Career*, Oxford University Press.

Hall, R. H.（1968）"Proffesionalization and bureaucratization", *American Sociological Review* 33, 92-104.

〈第11章〉

阿部真大（2006）『搾取される若者たち：バイク便ライダーは見た！』集英社新書。

乾彰夫（2002）「職業教育・進路指導の充実は「フリーター問題」を解決できるか」『労働の科学』57巻2号19-22。

岩出博（2014）『従業員満足指向人的資源管理論』泉文堂。

榎本博明（2012）『やりたい仕事病』日本経済新聞出版社。

小野公一（2011）『働く人々のwell-beingと人的資源管理』白桃書房。

加藤弘道（2008）「格差社会における若者の〈自己実現〉」都築学 編『働くことの心理学　若者の自分さがしといらだち』ミネルヴァ書房。

小坂井敏晶（2014）『社会心理学講義：〈閉ざされた社会〉と〈開かれた社会〉』筑摩書房。

斎藤智文（2008）『働きがいのある会社：日本におけるベスト25』労務行政。

佐々木英和（1996）「生涯学習実践の学習課題に関する理論的考察」『生涯学習・社会教育学研究』20号。

本田由紀（2007）「〈やりがい〉の搾取」『世界』2007年3月号，109-119。

三浦展（2005）『下流社会』光文社。

森博嗣（2013）『「やりがいのある仕事」という幻想』朝日新聞出版。

Herzberg, F.（1966）*Work and the Nature of Man.,* World Pub.（北野利信訳『仕事と人間性』東洋経済新報社1968年）

Locke, E. A.（1976）The nature and cause of job satisfaction, in Dunnet, M. D. [ed.], *Handbook of Industrial and Organizational Psychology*, Rand McNally College Publishing Company.

Maslow, A. H.（1954）*Motivation and Personality 2nd ed.,* Harper & Row.

Petriglieri, G., Ashford, S. & Wrzesniewski, A.（2019）「ギグ・エコノミーで生き残るための4つのつながり」『Diamond Harvard Business Review』1月号，124-131頁。

Schaufeli, W. B., & Bakker, A. B.（2003）*UWES-Utrecht Work Engagement Scale.* Department of Psychology, Utrecht University.

Schaufeli, W. B., Salanova, M., Gonzalez-Roma, V., & Bakker, A. B.（2002）"The measurement of engagement and burnout", *Journal of Happiness Studies*, 3, 71-92.

Schein, E. H.（1980）*Organizational Psychology ^{3rd} ed.,* Prentice-hall（松井賚夫訳『組織心理学』岩波書店1981年）

〈第12章〉

大和田敢太（2018）『職場のハラスメント：なぜ起こり，どう対処すべきか』中央公論新社。

厚生労働省「あかるい職場応援団」
　　https://www.no-pawahara.mhlw.go.jp/（最終閲覧日：2020年3月21日）

人権啓発活動ネットワーク協議会
　　http://www.moj.go.jp/jinkennet/（最終閲覧日：2020年3月21日）

人権啓発活動ネットワーク協議会（2010）「企業における人権研修シリーズ　セクシュアル・ハラスメント」
　　http://www.moj.go.jp/jinkennet/asahikawa/sekuhara.pdf（最終閲覧日：2020年3月21日）

マリー＝フランス イルゴイエンヌ（1999）『モラル・ハラスメント：人を傷つけずにはいられない』高野優 訳，紀伊國屋書店。

French, J. & Raven, B.（1959）*The Bases of Social Power, In Studies in Social Power*, D. Cartwright, [ed.], 150-167, Ann Arbor, MI: Institute for Social Research.

〈第13章〉

尾崎俊哉（2015）「ダイバーシティ・マネジメントの理論的考察」立教ビジネスレビュー第8号。

河口眞理子（2006）「CSRと労働におけるダイバーシティ（多様性）」『経営戦略研究』Vol. 7.

経済産業省（2018）『新・ダイバーシティ経営企業100選』。

谷口真美（2003）「組織におけるダイバーシティ・マネジメント」『雇用平等とダイバーシティ』日本労働研究雑誌50(5), 69-84。

日経連ダイバーシティ・ワークルール研究会（2001）『日本型ダイバーシティ』同研究会。

宮原淳二（2013）「ダイバーシティ・マネジメントと障害者雇用」『経営センター』東レ経営研究所。

NTTデータ経営研究所（2018）「諸外国におけるダイバーシティの視点からの行政評価の取組に関する調査研究報告書」
　　https://www.soumu.go.jp/main_content/000546724.pdf（最終閲覧日：2019年5月25日）

〈第14章〉

岡田烈司（2007）「保存版 労務コンプライアンス・チェックシート－今すぐ法令遵守の実態を確かめよう」『人事マネジメント』第17巻第10号21-38。

川村雅彦（2015）『CSR経営』ウィズワークス社。

経済同友会（2003）『第15回企業白書：「市場の進化」と社会的責任経営』。

経済同友会（2014）『日本企業のCSR自己評価レポート2014』。
厚生労働省（2004）『労働におけるCSRのあり方に関する研究会中間報告書』。
厚生労働省（2008）『労働に関するCSR推進研究会報告書』
厚生労働省（2017）「平成29年度　賃金構造基本統計調査」
厚生労働省・社会経済生産性本部（2005）『働く人を大切にするヒント：労働分野における企業の社会的責任』。
小本恵照（2007）「日本企業のCSR活動の現状と今後の課題」『ニッセイ基礎研RE-PORT』。
下田屋毅（2012）「欧州のCSRの潮流」日本LCA学会環境情報研究会報告
　　http://www.ns.kogakuin.ac.jp/~wwb1046/jyouho_simodaya0606.pdf（最終閲覧日：2020年3月21日）
谷本寛治（2006）『CSR 企業と社会を考える』NTT出版。
寺崎文勝（2007）「労働CSRにおける人事部門の役割と制度整備のポイント」『労政時報』第3715号。
東京財団（2016）「CSR白書2016」。
日本マイクロソフト社（2016）『企業市民活動レポート2016年度版』。
藤井俊彦（2005）『ヨーロッパのCSRと日本のCSR』日科技連出版。
労働法ナビ
　　https://www.rosei.jp/lawdb/static.php?=law001（最終閲覧日：2020年3月21日）

索　引

■執筆者紹介（執筆順）

加藤　恭子（かとう・きょうこ）……………………………………第Ⅰ部概要，第6章，第11章
　日本大学経済学部　准教授
【主な著書・論文】
　「コンピテンシー・モデリングに関する一考察：日本におけるモデリング・プロセスで生じ
　る問題点」『経済集志』第90巻第1号，2020年。
　「人事評価（4章）」『人を活かす心理学：仕事・職場の豊かな働き方を探る』（共著）北大路
　書房，2019年。
　「評価と処遇（7章)」『産業・組織心理学〔改訂版〕』（共著）白桃書房，2017年。

渡辺　泰宏（わたなべ・やすひろ）………………………………………………第1章
　東京富士大学経営学部　准教授
【主な著書・論文】
　"The Creation of a Corporate Philosophy in a Japanese E-Commerce Company: A Case
　Study of Rakuten（Chapter 3)," *Cultural Translation of Management Philosophy in Asian
　Companies: Its Emergence, Transmission, and Diffusion in the Global Era*, Springer, 2020.
　「人と組織のつながり（6章5・6節)」『テキスト　経営人類学』（共著）東方出版，2019年。
　「フォレット理論の現代的可能性（二）：情報ネットワーキング社会（8章)」『経営学史叢書
　第Ⅳ巻　フォレット』（共著）文眞堂，2012年。

関口　和代（せきぐち・かずよ）…………………………………………第2章，第8章
　東京経済大学経営学部 教授　博士（経営学），埼玉県 人事委員，厚生労働省 独立行政法人
　評価に関する有識者会議 構成員
【主な著書・論文】
　「過重労働の受容要因(1)：日本型雇用と強制された自発性からの検討」『東京経大学会誌（経
　営学)』第306号，2020年。
　『産業・組織心理学（改訂版)』（共編著）白桃書房，2017年。
　『キャリア形成：個人・企業・教育の視点から』（共編著）中央経済社，2005年。

岩出　博（いわで・ひろし）‥‥‥‥‥‥‥‥‥‥‥‥‥‥‥‥ 第 3 章，第Ⅱ部概要，第14章
編著者紹介参照

谷内　篤博（やち・あつひろ）‥‥‥‥‥‥‥‥‥‥‥‥‥‥‥‥ 第 4 章，第10章
実践女子大学理事，人間社会学部長
【主な著書・論文】
『個性を活かす人材マネジメント』勁草書房，2016年。
『日本的雇用システムの特質と変容』泉文堂，2008年。
『働く意味とキャリア形成』勁草書房，2007年。

高橋　哲也（たかはし・てつや）‥‥‥‥‥‥‥‥‥‥‥‥‥‥ 第 5 章，第 9 章，第12章
東京富士大学経営学部　准教授
【主な著書・論文】
「日本的雇用慣行におけるアーキテクチャ概念の可能性：ローレンス・レッシグの法哲学を
基礎として」『経済集志』第90巻 1 号，2020年。
「職場の「上と下」「横と横」「斜め」／やる気が「ある」「無い」「沸く」」（ 4 章 2 , 3 節）」
『テキスト経営人類学』（共著）東方出版，2019年。
「人的資源管理論における人間的側面考察の必要性について」『経営学史研究の興亡』経営
学史学会年報第24輯，文眞堂，2017年。

洪　聖協（ほん・そんひょぶ）‥‥‥‥‥‥‥‥‥‥‥‥‥‥‥‥‥ 第 7 章，第13章
東京未来大学・日本大学　兼任講師　博士（経済学）
【主な著書・論文】
「企業統治と監査・内部統制（ 5 章）」『企業統治論：東アジアを中心に』（共著）税務経理協
会，2014年。
「内部統制の理論と実務（ 4 章）」『企業統治と経営行動』（共著）文眞堂，2012年。
『内部統制有効性評価の実務－J－SOX法運用の実務とERMの展開』生産性出版，2008年。

■編著者紹介

岩出　博（いわで・ひろし）

元・日本大学経済学部教授　博士（商学）

1948年生まれ。慶應義塾大学卒業後，ブリヂストンタイヤ株式会社を経て，日本大学大学院経済学部博士後期課程修了。

専門分野は人事労務管理論。

【主な著書・論文】

『LECTURE 人事労務管理（増補改訂版）』泉文堂，2016年。

『新・これからの人事労務（第3版）』泉文堂，2016年。

『従業員満足指向 人的資源管理論』泉文堂，2014年。

『戦略的人的資源管理論の実相』泉文堂，2002年。

『アメリカ労務管理論史』三嶺書房，1989年。

従業員満足のための人的資源管理

2020年9月20日　第1版第1刷発行

編著者	岩	出		博
発行者	山	本		継

発行所　㈱中央経済社

発売元　㈱中央経済グループ
　　　　パブリッシング

〒101-0051　東京都千代田区神田神保町1-31-2
電　話　03 (3293) 3371 (編集代表)
　　　　03 (3293) 3381 (営業代表)
http://www.chuokeizai.co.jp/

© 2020
Printed in Japan

印刷／㈱堀内印刷所
製本／誠 製 本 ㈱